g

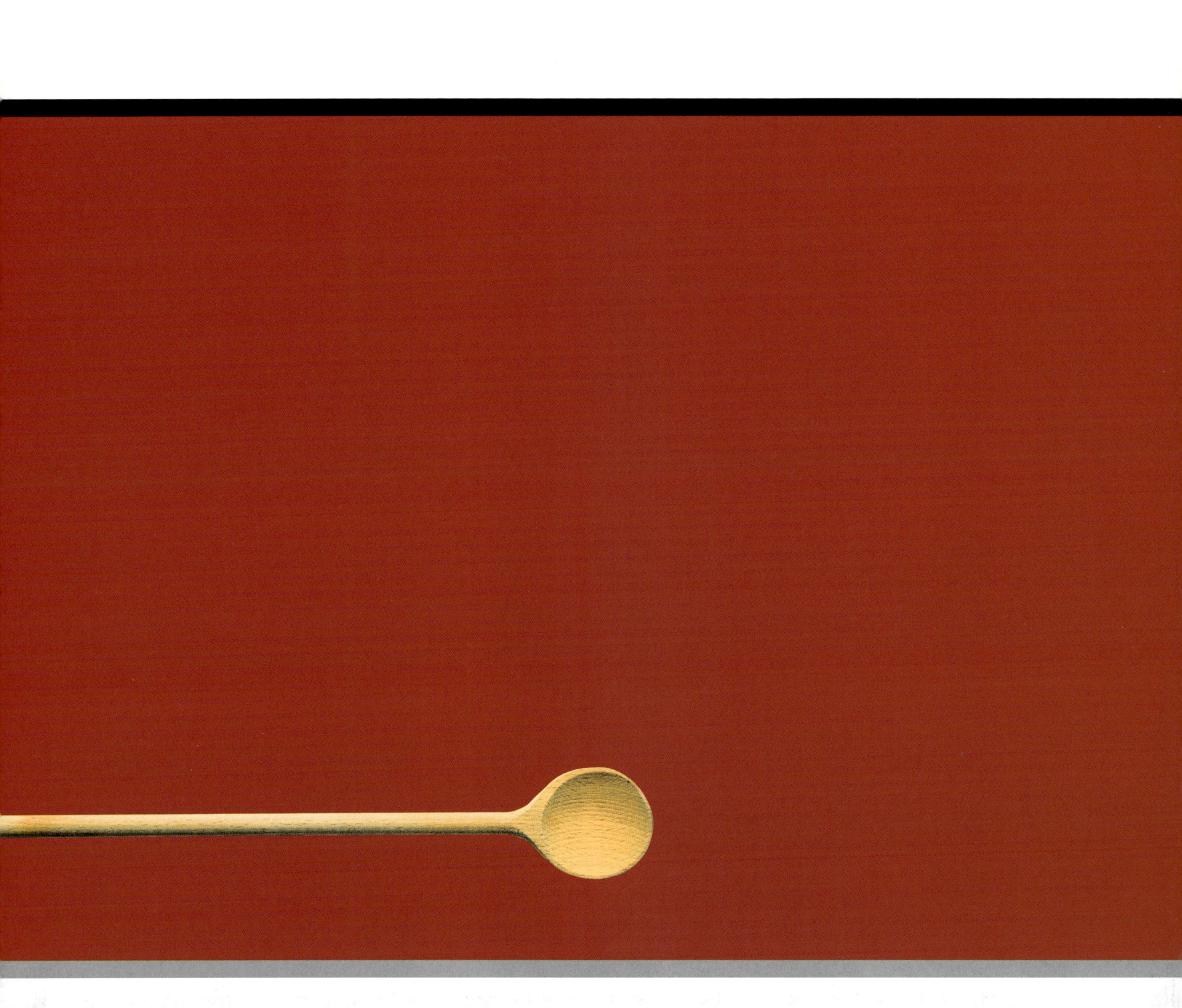

Thomas Reinhardt

Das Saarland kocht

Rezepte · Restaurants · Ratschläge

Gollenstein

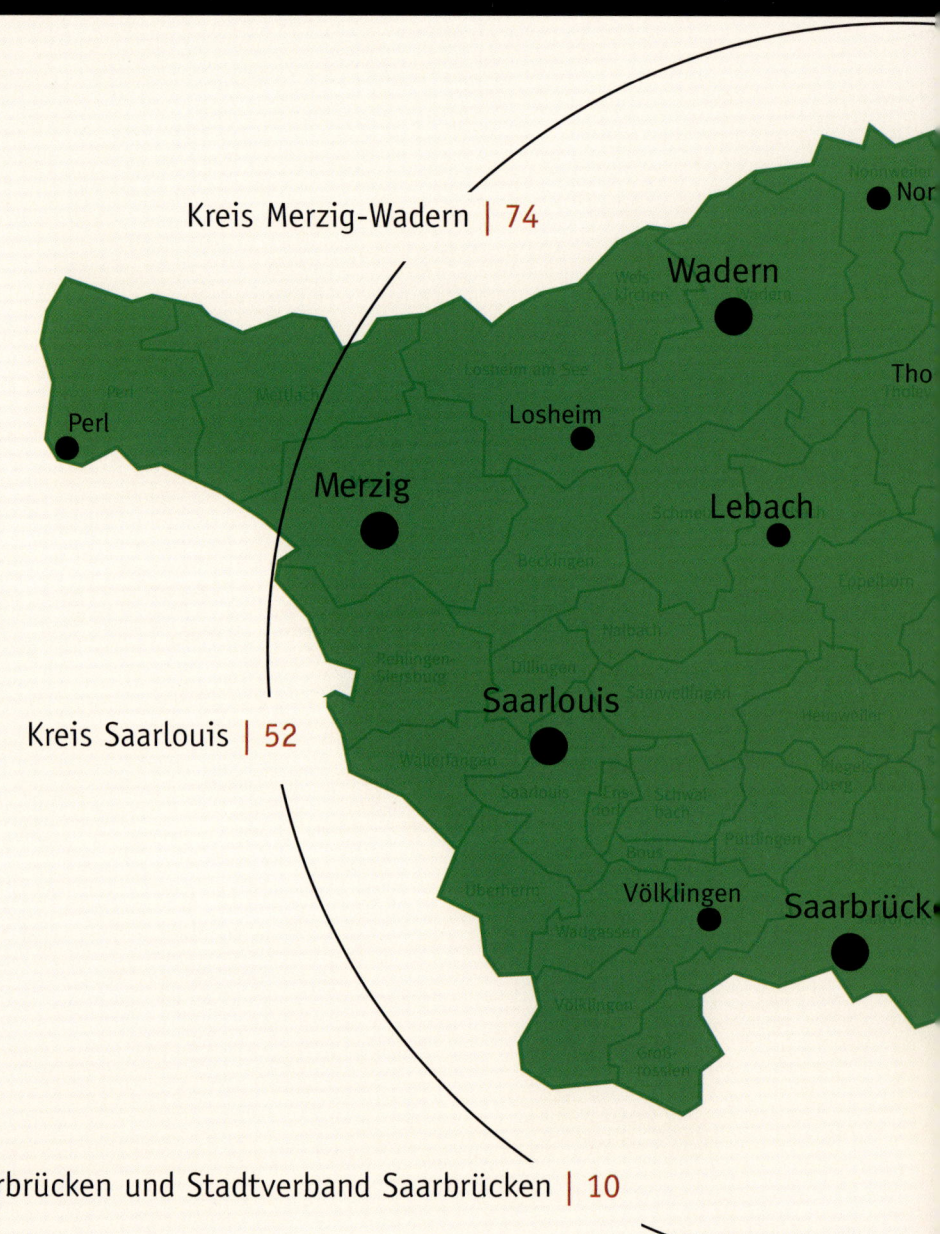

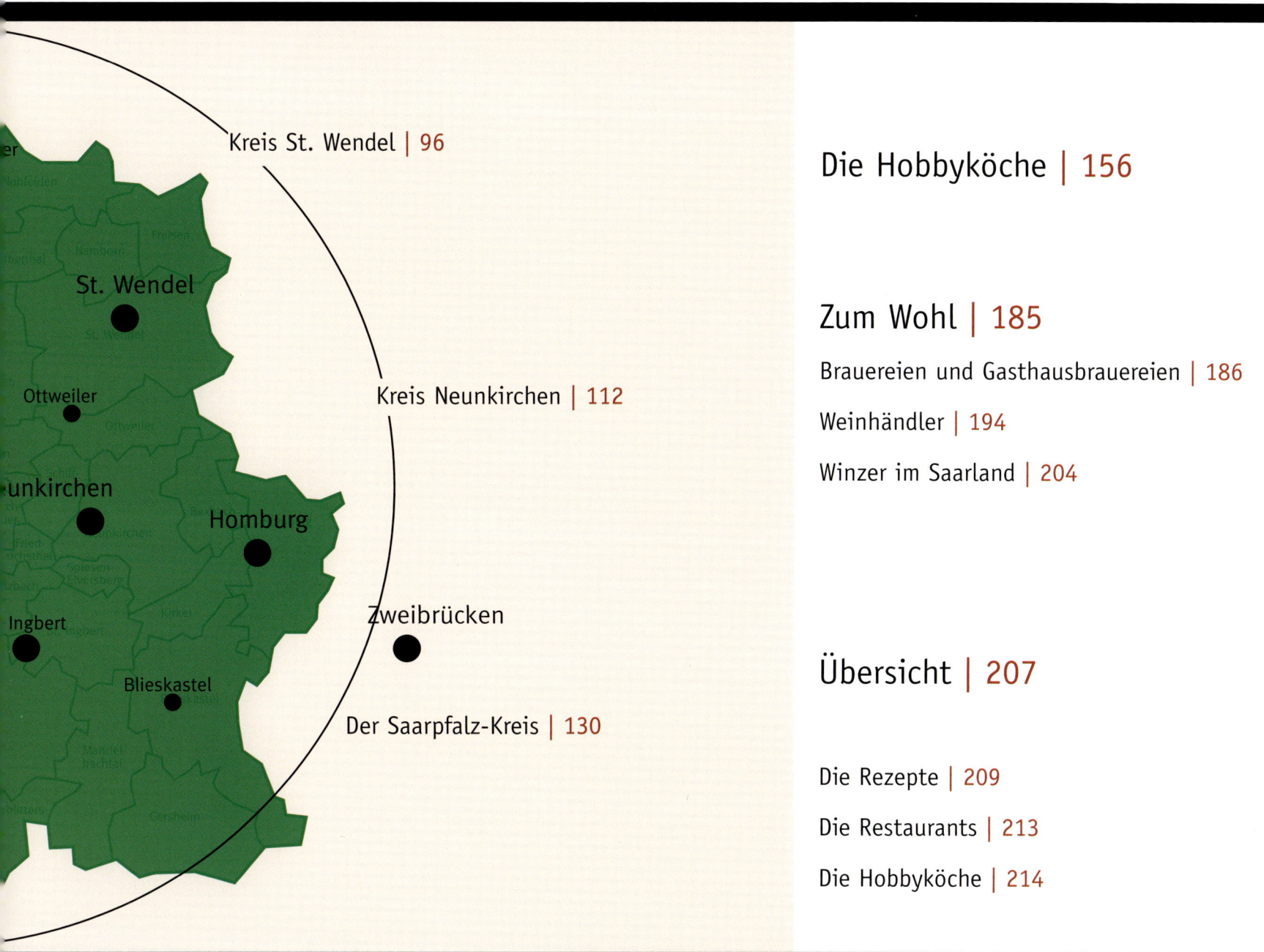

Vorwort

Liebe Leserin, lieber Leser,

Sie halten quasi drei Bücher in der Hand: Ein Kochbuch mit 161 Rezepten, einen Restaurantführer mit 45 Adressen sowie einen kleinen Saarland-Reiseführer mit vielen Tipps. Entstanden ist „Das Saarland kocht" aus der gleichnamigen Serie in der Beilage „treff.region" der Saarbrücker Zeitung.
Diese Aktion war eine wundervolle Erfahrung. Ich habe sehr nette Leute kennen gelernt, bin charmant bewirtet worden, die Gastfreundschaft war riesengroß.

In diesem Buch präsentieren 26 Hobbyköche und 45 Profis ihre reizvollen Rezepte. Die Bandbreite ist enorm, Gerichte für alle Jahreszeiten und viele Gelegenheiten sind dabei, von einfach und rustikal bis festlich und elegant. Hier finden Sie pfiffige Einzelgerichte und komplette Menüs, die Lust aufs Nachkochen machen.

Ob gute Hausmannskost oder Feinschmecker-Küche: Die Grundprodukte (Fisch, Fleisch und Käse, Gemüse und Obst) stammen aus der Region, die Zubereitung ist grenzenlos. Blutwurststrudel und Gefüllte, Bachsaibling und Zander, Kaninchen und Ente, Lamm und Wild, Schwein, Kalb und Rind – alles da. Aber auch vegetarische Gerichte, leckerer Spargel, Spitzkohl und Wirsing, Erdbeeren, Kirschen und Mirabellen, Äpfel, Birnen und Pflaumen. Und vieles mehr.

Hobbyköchinnen und Hobbyköche haben uns ihre Lieblingsrezepte verraten, Sterneköche wie Klaus Erfort, Jörg Glauben und Alexander Kunz neue Köstlichkeiten kreiert. Natürlich werden auch die 45 Restaurants in Wort und Bild vorgestellt, vom kleinen Bistro über gut bürgerliche Häuser bis zu Gourmet-Restaurants und Familien-Hotels ist alles vertreten. So versteht sich dieses Buch auch als aktueller Restaurantführer mit vielen interessanten Adressen, lassen Sie sich überraschen.

Und weil man im Saarland nicht nur trefflich genießen, sondern auch darüber hinaus sehr viel entdecken kann, gibt's jede Menge Ratschläge und Tipps für Ausflüge und Besichtigungen.
Ein Extra-Kapitel stellt zudem die saarländischen Winzer an der Obermosel, eine Auswahl guter Weinfachhändler sowie saarländische Brauereien und Brauereigaststätten vor.

„Das Saarland kocht" lädt zu einer Rundreise ein: Wir starten in der Landeshauptstadt, erkunden dann den Stadtverband Saarbrücken und im Uhrzeigersinn die Landkreise Saarlouis, Merzig-Wadern, St. Wendel, Neunkirchen und den Saarpfalz-Kreis. Dann folgen, in alphabetischer Reihenfolge, die Rezepte der Hobbyköche sowie das Kapitel über Bier und Wein.
Unsere ausführlichen Register helfen Ihnen, die Rezepte und Restaurants zu finden.

Herzlich danken möchte ich den beteiligten Köchinnen und Köchen, dem Chefredakteur der Saarbrücker Zeitung, Peter Stefan Herbst, sowie meinen Arbeitskollegen. Ein Dankeschön auch dem Verein der Köche im Saarland und dem Hotel- und Gaststättenverband des Saarlandes sowie der Jury, die geholfen hat, Rezepte auszusuchen: Lisa Schorr, Alice Hoffmann, Ludwig Harig und Michael Marx. Spaß gemacht hat die Zusammenarbeit mit dem Team vom Gollenstein Verlag, Brigitte Gode und Irene Juncker, sowie mit unserem Buchgestalter Timo Pfeifer.
Großartig war die Unterstützung (und die Geduld) meiner Familie, der ich dieses Buch widme: Dankeschön Gisela, Lukas, Erika und Kurt!

August 2005
Thomas Reinhardt

Rundreise durch's Saarland

Vielfältig und abwechslungsreich wie die in diesem Buch vorgestellten Rezepte und Restaurants präsentieren sich auch die Möglichkeiten für Freizeit und Touristik im kleinsten deutschen Bundesland. Zu allen Landkreisen, vom Stadtverband Saarbrücken bis zum Saarpfalz-Kreis, haben wir eine schöne Auswahl von Besichtigungs- und Ausflugs-Tipps zusammengestellt.

Von Archäologie bis Zoo, von Kultur bis Sport – im Saarland gibt es viel zu Entdecken und zu erleben. Sechs Landkreise und 52 Gemeinden laden ein, überall im Land findet man spannende Spuren der Geschichte – von Römern und Kelten oder von der jüngeren Industriekultur (Kohle und Stahl). Es gibt zahlreiche Naturschönheiten, wie Seen, Weiher und Flüsse, man kann Burgen und Schlösser besichtigen, Städte und Gemeinden mit Charme und Flair, Museen und Galerien.

Im Saarland kann man hervorragend wandern und radeln, Flusslandschaften mit dem Kanu erkunden, Landschaften mit historischen Zügen durchqueren. Hier gibt's Möglichkeiten zum Angeln und Golfspielen, man kann im Besucherbergwerk untertage zum Werkzeug greifen oder mit Ballon oder Segelflieger in die Luft gehen, mit den Wölfen heulen, Biber oder Störche beobachten. Hier laden die Gärten ohne Grenzen ein, hier wachsen Orchideen und Rosen.

Die Tourismus Zentrale Saarland informiert über all dies und einiges mehr, bietet attraktive Pauschalangebote an, wie zum Beispiel „TafelTouren" oder „SchlemmerRadeln".
Und hier kann man Hotels, Fremdenzimmer oder Ferienwohnungen buchen. Im Internet: www.tourismus.saarland.de

Saarbrücken und Stadtverband Saarbrücken

Kunst und Kultur, Industriedenkmäler und grüne Oasen: Die Landeshauptstadt und ihre Umgebung locken mit vielen unterschiedlichen Attraktionen, hier spürt man Lebensfreude und Gastlichkeit.

Die wichtigsten Sehenswürdigkeiten Saarbrückens kann man auf einem Rundgang vom Saarländischen Staatstheater aus bequem zu Fuß erreichen.

Über die Alte Brücke geht's zum Schloss mit kleinem Garten (schöne Aussicht), weiter zu Ludwigsplatz und Ludwigskirche, zurück zum St. Johanner Markt, ins Nauwieser Viertel, schließlich ans Saarufer und zum Staden.

Kunst- und Kulturinteressierte kommen in zahlreichen Museen und Galerien auf ihre Kosten. Unter anderem lohnt ein Besuch im Historischen Museum Saar und im Saarland Museum, im Museum für Vor- und Frühgeschichte, in der Modernen Galerie oder der Stadtgalerie. Wie in einem Dorf dagegen fühlt man sich im Stadtteil St. Arnual mit dem Markt, der Stiftskirche und dem Tabaksweiher. Eine weitere grüne Insel in der Stadt liegt im Osten: der Deutsch-Französische Garten.

Apropos grün: Ein spannendes Projekt ist der „Urwald vor den Toren der Stadt", ein rund 1000 Hektar großes Wald-Naturschutzgebiet zwischen Saarbrücken, Riegelsberg und Quierschied-Fischbach.
Hier hat die Natur Vorfahrt, hier kann man auf breiten, behindertengerechten Wegen oder auf abenteuerlichen Urwaldpfaden Natur pur genießen. Guter Ausgangspunkt für Touren ist die Scheune Neuhaus mit dem dazu gehörigen Restaurant Forsthaus Neuhaus, das auch in diesem Buch vertreten ist.

Kontraste: Nur wenige Kilometer sind
es bis ins benachbarte Völklingen mit
dem beeindruckenden Weltkulturerbe
Völklinger Hütte. Den rostigen
Industrie-Riesen kann man aufs Dach
steigen, spannend ist ein Besuch in
der Gasgebläsehalle und hochkarätig
sind die Ausstellungen, die hier stattfinden, zuletzt „Schätze aus 1001
Nacht" oder „Inka Gold".

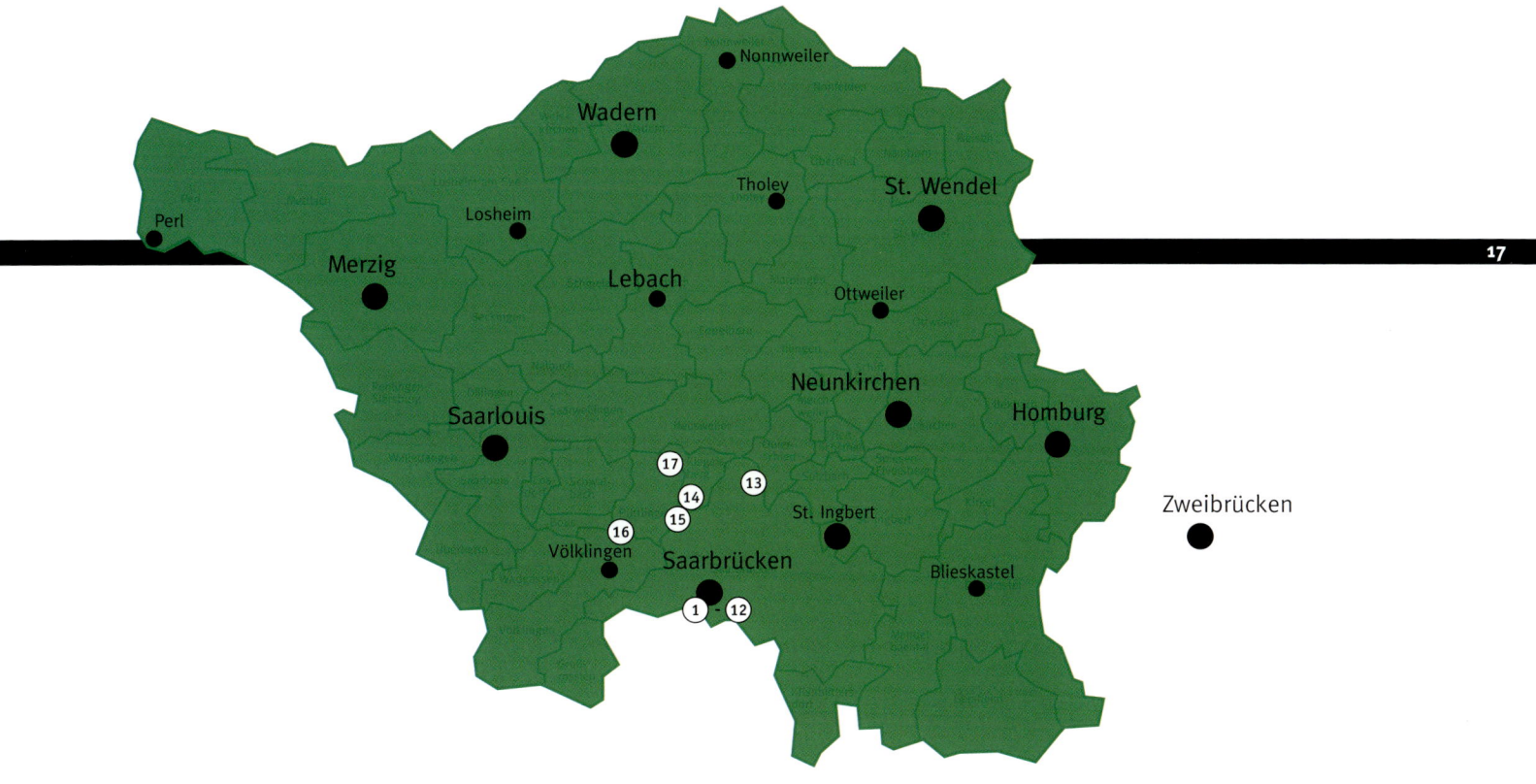

Restaurants in Saarbrücken:

1. Hotel-Restaurant Die Traube | 18
2. Gästehaus Erfort | 20
3. Restaurant Historischer Rodenhof | 22
4. Hotel Am Triller | 24
5. Restaurant Kuntze's Handelshof | 26
6. Restaurant La Touraine | 28
7. Restaurant Le Bouchon | 30
8. Ristorante Milano | 32
9. Ristorante Roma | 34
10. Restaurant Schlossgarten | 36
11. Victor's Residenz-Hotel | 38
12. Restaurant Quack im Haus Weismüller | 40

Restaurants im Stadtverband Saarbrücken:

13. Restaurant Altes Pförtnerhaus | 42
14. Restaurant Forsthaus Neuhaus | 44
15. Hotel-Restaurant Haus Gabriel | 46
16. Gasthaus Zum Schwan | 48
17. Brasserie Am Markt | 50

Hotel-Restaurant Die Traube

Besitzer: Roland Jochem
Grülingsstr. 101-103 · 66113 Saarbrücken
Tel. (06 81) 94 85 00 · www.dietraube.de
Ruhetage: Samstagmittag, Montag

Ein Winzersohn von der Mosel ist im Saarland heimisch geworden. Er hat die klassische französische Küche kennen gelernt, er mag hochwertige regionale Produkte, die er ideen- und abwechslungsreich variiert. „Deutsche Küche mit französischen Wurzeln und weltweiten Einflüssen" – so bezeichnet Roland Jochem seinen Kochstil. Aus der rustikalen Weinstube, die sein Vater auf dem Saarbrücker Rodenhof gründete, ist inzwischen ein modernes, freundliches Hotel-Restaurant geworden: „Die Traube" in der Grülingsstraße mit zehn Zimmern. Im freundlich-hellen Restaurant mit Wintergarten und mediterranen Farben treffen sich genussfreudige Stammgäste, vor allem Weinfreunde. Denn Roland Jochem ist ein großer Weinkenner, überrascht immer wieder mit schönen Entdeckungen und einer famosen Auswahl.

Einen Teil davon kann man im begehbaren „Weinkeller" im vorderen Teil des Hauses besichtigen. Neben dem Restaurant stehen ein weiterer Raum für Gesellschaften und eine herrlich ruhig gelegene Terrasse zur Verfügung.

Der Küchenchef arbeitet mit hochwertigen, frischen Produkten, so oft es geht aus biologischem Anbau. Eine seiner Spezialitäten ist das schwarz-weiße Schwäbisch-Hällische Landschwein (siehe Rezept), das er aus dem Saarland bekommt, ebenso wie Wild und Geflügel, Käse und Eier und einiges mehr. Gekonnt kombiniert Jochem französische oder regionale Produkte mit asiatischen, südamerikanischen oder anderen Aromen. So zum Beispiel sein asiatisch gewürzter Tartar von der heimischen Lachsforelle mit Ziegenkäse. Das passt hervorragend zusammen und sieht prächtig aus.

Hauptgerichte: 14,40 bis 20,90 Euro · Menüs: 18,50, 24,50 und 48 Euro

Lachsforellen-Tartar mit Ziegenkäse und Kartoffelstroh

Für vier Personen: 400 g Lachsfilet ohne Haut und Gräten, 200 g Ziegenfrischkäse, 25 g Schalotten, eine halbe frische Chili entkernt und kleingehackt, 1 EL rote Paprika in Würfeln, 1 Stück Ingwer (daumengroß) in feinen Würfeln, 1 TL Thailändische Fischsoße, 1 EL Sojasoße und 1 EL süßer Reiswein (aus dem Asia-Shop), 150 g geschälte rohe Kartoffeln.

Und so wird's gemacht: Lachsfilet in feine Würfel schneiden (nicht in den Mixer, sonst entsteht ein klebriges Püree). Alle Zutaten bis auf den Käse dazugeben und mischen. Mit Pfeffer würzen. Zu kleinen Küchlein auf dem Teller formen. Ziegenkäse mit dem Löffel zu Nocken formen und auf den Lachsstartar setzen. Kartoffeln in feine Streifen schneiden, abwaschen, trocknen, frittieren, salzen und mit dem Tartar und dem Käse schön anrichten.

Kotelett vom Schwäbisch-Hällischen Landschwein in der Bärlauchkruste

Für vier Personen: 4 Koteletts vom Schwäbisch-Hällischen Landschwein, 1 EL Butter, 50 g Bärlauch, 20 g Semmelbrösel, Salz und Pfeffer.

So wird's gemacht: Koteletts bei großer Hitze rundherum anbraten, bis sie braun sind, aber innen fast roh bleiben. Bärlauch mit der weichen Butter und den Semmelbröseln in der Moulinette zusammen pürieren, bis das Ganze wie grüne Butter aussieht. Auf den Koteletts etwa 5 mm hoch verteilen. Im Ofen zirka 8-15 Minuten (je nach Dicke der Koteletts: 2 cm zirka 8 Minuten, 4 cm zirka 15 Minuten) bei 220 Grad braten. Aus dem Ofen nehmen und mit Alufolie abdecken, 4 Minuten ruhen lassen. Mit Gemüse und Bratkartoffeln anrichten, als Soße Bratenjus mit Bärlauchbutter aufmontieren.

Espressoparfait

Für vier Personen: 10 Eigelb, 75 g Zucker, 75 ml sehr starker Espresso, 600 g Schlagsahne.

So wird's gemacht: Eigelb und Zucker im Schlagkessel auf dem Wasserbad aufschlagen, bis das Eigelb abbindet (bis zur Rose). Espresso dazugeben, noch mal bis zur Bindung auf dem Wasserbad aufschlagen. Abkühlen lassen, geschlagene Sahne unterheben, in Formen füllen und gefrieren.

Getränkeempfehlung zum Hauptgericht: Ein kräftiger, fruchtiger Weißwein (Riesling Spätlese, Chardonnay, Grauburgunder).

Gästehaus Erfort

Besitzer: Klaus Erfort
Mainzer Str. 95 · 66121 Saarbrücken
Tel. (06 81) 9 58 26 82 · www.gaestehaus-erfort.de
Ruhetage: Samstagmittag, Sonntag und Montag

Dieses Haus ist ein Glücksfall für Saarbrücken und das ganze Saarland. Gleich zwei Michelin-Sterne hat sich Klaus Erfort in kurzer Zeit erobert. Mit kreativer Feinschmeckerküche auf hohem Niveau, mit einem Service der Extraklasse, vorbildlich geführt von Restaurantleiter Jerôme Pourchère, und mit einem großartigen Ambiente. In der prächtigen Villa in der Mainzer Straße (früher Saarberg-Gästehaus) hat sich Erfort hervorragende Bedingungen geschaffen: Das modern-elegante Restaurant ist geschmackvoll eingerichtet und dekoriert, schlicht und edel zugleich. Bei schönem Wetter kann man auf der Terrasse sitzen und die Aussicht in den kleinen Park mit mächtigen, alten Bäumen genießen.

Klaus Erfort, 1972 in Saarbrücken-Dudweiler geboren, hat sich nach Stationen im Bareiss, in der Schwarzwaldstube im Hotel Traube Tonbach (Baiersbronn) sowie im Schlosshotel Bühlerhöhe im März 2002 in Saarbrücken selbstständig gemacht. Zusammen mit seiner Frau Andrea Scheyer und einem engagierten Team bietet er eine kreative Feinschmeckerküche mit hochwertigen Produkten an, die er raffiniert kombiniert. Zum Beispiel: Pochierter Bretonischer Hummer mit rosa Grapefruit, Steinbuttfilet mit Périgord-Trüffel auf Linsen oder Milchlammkeule mit frischen Kräutern gebraten. Ein Extra-Kapitel sind die Desserts: Chef Pâtissier Andrea Scheyer und ihr Team zaubern immer wieder neue verführerische Süßspeisen auf die Teller – großes Kompliment! Das gilt auch für die Weinauswahl, rund 350 Posten lassen keine Wünsche offen.

Warm geräucherter Bachsaibling mit Limonenmarinade und gebackener Kaviar-Kartoffel

Für vier Personen: 600 g Filet vom Bachsaibling (oder Wildlachs), etwas Crème fraiche, 30 g Kaviar, Olivenöl, 2 Limonen, je 30 g Karotten, Sellerie und Zucchini (gewürfelt), Salz, Pfeffer, Zucker, Schnittlauch, Semmelbrösel, 4 kleine neue Kartoffeln. Räucherzutaten: 50 g Buchenholzsägemehl, 1 Thymianzweig, 1 Knoblauchzehe in der Schale zerdrückt, 5 Wacholderbeeren, 2 Lorbeerblätter.

So wird's gemacht: Fischfilet mit Salz, Pfeffer und Olivenöl marinieren, auf einen Gitterrost legen. Räucherzutaten in einer Räucherpfanne zum Glimmen bringen, Fisch abgedeckt sieben Minuten räuchern. Kartoffeln in Salzwasser kochen, schälen, mit Kaviar füllen, mit Ei und Semmelbröseln panieren, in einem Fettbad (160 Grad) ausbacken. Limonensaft auspressen, mit Olivenöl anrühren, mit Salz, Pfeffer, Zucker, Schnittlauch und Gemüsewürfeln abschmecken.

Fisch in 4 gleich große Scheiben schneiden, mit der Limonenmarinade in der Tellermitte anrichten. Gebackene Kartoffeln, Crème fraîche und etwas Salat rundherum dekorieren.

Kalbsbäckchen in Rotwein geschmort auf Kartoffelpüree mit Pfifferlingen

Für vier Personen: 100 g Butterschmalz, 4 Kalbsbäckchen, 300 g gewürfeltes Wurzelgemüse (Zwiebel, Karotten, Sellerie), Salz, Pfeffer, 0,5 l Kalbsfond, 2 EL Tomatenmark, 1 Flasche Rotwein, Balsamico-Essig, etwas Thymian, Knoblauch und Kerbel, 50 g Butter, 300 g Pfifferlinge, Kartoffelpüree, als Garnitur junge Karotten und Lauch.

So wird's gemacht: Kalbsbäckchen salzen und pfeffern, von allen Seiten in Butterschmalz anbraten, Wurzelgemüse hinzufügen und mit anrösten. Tomatenmark zugeben, anschwitzen lassen, mit Rotwein ablöschen, Knoblauch und Thymian zugeben, im Backofen bei 180 Grad zwei Stunden schmoren. Wenn nötig mit dem Kalbsfond auffüllen. Bäckchen herausnehmen, warm stellen, Schmorfond passieren. Mit Küchenkrepp entfetten, um ein Drittel einkochen. Mit Salz, Pfeffer und Balsamico-Essig abschmecken, wenn nötig, Soße mit Butter binden. Kartoffelpüree in der Mitte anrichten, Kalbsbäckchen aufschneiden und auflegen. Soße angießen, mit Kerbel garnieren. Dazu gibt's angeschwitzte Pfifferlinge und junges Gemüse.

Holundersüppchen mit Himbeeren und Holunderblüten-Eis

Für vier Personen: 8 Rispen Holunderblüten, 400 ml Wasser, 50 ml Limonensaft, 50 ml Orangensaft, 1 Vanilleschote, 200 g Zucker, 3 Blatt Gelatine, 10 cl Champagner, 1 Schälchen Himbeeren, Minze. Eis: 250 ml Champagner, 4 Rispen Holunderblüten, 200 g flüssige Butter, 100 g Zucker, 3 Eigelb.

So wird's gemacht: Champagner erwärmen, Holunderblüten 10 Minuten darin ziehen lassen. Eigelb und Zucker im Wasserbad aufschlagen, flüssige Butter in die Eigelb-Zucker-Masse einrühren. Champagner auf die Eigelb-Masse passieren, zur Rose abziehen (65 Grad) und in einer Eismaschine frieren. Holunderblüten-Süppchen: Wasser mit Holunderblüten aufkochen, 10 Minuten ziehen lassen; mit den Säften, Zucker und Vanilleschote abschmecken und passieren. Gelatine in wenig Holunderblütenfond auflösen, in das Süppchen einrühren. Mit Champagner aufmixen, in einem Suppenteller servieren, mit den Himbeeren und Minze garnieren. Holunderblüten-Eis separat dazu reichen.

Getränkeempfehlung zum Hauptgericht:
Ein kräftiger, würziger Rotwein, zum Beispiel ein Chateauneuf-du-Pape oder ein Ribero Del Duero aus Spanien.

Restaurant Historischer Rodenhof

Besitzer: Pino Corallo
Grülingsstr. 91 · 66113 Saarbrücken
Tel. (06 81) 4 45 48
Ruhetag: Montag

Viel Platz, drinnen wie draußen. Gemütlich sitzt man im rustikalen Restaurant (40 Plätze), schön feiern (oder auch tagen) kann man im modernen Saal (bis 100 Gäste). Und bei schönem Wetter locken die Terrasse und ein großer Biergarten unter Bäumen. Das Restaurant Historischer Rodenhof in der Saarbrücker Grülingsstraße ist schon lange als Ausflugslokal beliebt. Über 230 Jahre alt ist das Anwesen, das Teil der Schlossanlage auf dem Ludwigsberg war. Seit gut 14 Jahren wird die Adresse auf dem Rodenhof von Pino Corallo geführt. Der Gastronom stammt aus Farvara in Sizilien und ist ein großer Weinfreund, hält für seine Gäste immer feine Tröpfchen zu fairen Preisen parat.

Mit Stolz präsentiert man die hausgemachten Nudeln, je nach Saison mit Steinpilzen, Pfifferlingen oder nach Fischerart („Pescatore") mit Garnelen, Calamari und Muscheln. Lecker und gehaltvoll sind die hausgemachten Cannelloni mit Ricotta-Spinatfüllung und Gorgonzola-Sahnesoße. Küchenchef Colombo, der seit über zwölf Jahren im Historischen Rodenhof am Herd steht, hat sich für eine cremige Maronensuppe, eine Rinderfilet-Lasagne sowie Panna cotta mit Himbeersoße entschieden.

Zusammen mit seinem Küchenchef Luca Colombo, der aus Sommalombarda in der Nähe von Mailand stammt, bietet er eine solide italienische Küche an. Klassiker wie Tomaten und Mozzarella, Scampi vom Grill oder Schnitzel Parmigiana stehen auf der Karte, dazu frische Salate, Steaks und Filets.

Küchenchef Luca Colombo

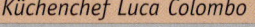

Hauptgerichte: 13 bis 20 Euro · Menü: auf Anfrage

Maronensuppe mit Tagliatelle

*Für vier Personen: 400 g frische
Maronen, 0,5 l Fleischbrühe,
0,2 l Sahne, 1 EL Cognac, Salz,
Pfeffer; Nudeln: 200 g Mehl, 2 Eier,
Prise Salz, 3 EL Butter.*

So wird's gemacht: Maronen in einem
großen Topf in Salzwasser zirka 15-20
Minuten kochen. Maronen schälen
und zusammen mit der heißen
Fleischbrühe pürieren. Sahne dazugeben. Mit Cognac, Salz und Pfeffer
abschmecken. Für den Nudelteig
Mehl, Eier und Salz mischen, einen
glatten Teig kneten. Teig eine Stunde
im Kühlschrank ruhen lassen. Danach
zirka ein Millimeter dick ausrollen
und in dünne Streifen schneiden.
Nudeln in Salzwasser bissfest garen,
abschütten und in Butter schwenken.
Nudelportion in die Mitte eines
Tellers geben, mit der Suppe auffüllen
und mit frischen Kräutern garnieren.

Rinderfilet-Lasagne mit Tomaten und Mozzarella

*Für vier Personen: 800 g Rinderfilet in
16 Scheiben geschnitten, 2-3 Tomaten, 2 Mozzarella-Kugeln, Basilikum,
etwas Salz und Pfeffer, 4 EL Olivenöl.*

So wird's gemacht: Mozzarella und
Tomaten in Scheiben schneiden. Öl in
der Pfanne erhitzen.
Rinderfiletscheiben salzen und pfeffern, im heißen Öl auf jeder Seite
kurz braten. Anrichten: Auf einem
flachen Teller eine Scheibe Rinderfilet
in die Mitte legen, eine Scheibe
Tomate darauf legen, Basilikum und
eine Scheibe Mozzarella auf die
Tomate geben. Dann noch einmal
Fleisch, Tomate und Mozzarella darauf
legen. Als Beilage passen in Olivenöl
und Butter geschwenkte Nudeln oder
Bratkartoffeln.

Panna cotta auf Himbeerspiegel

*Für vier Personen: 0,5 l Sahne, 175 g
Zucker, 1 Vanilleschote, 5 Blätter
Gelatine, 250 g frische Himbeeren,
100 g Zucker, 1 cl Himbeergeist.*

So wird's gemacht: Gelatine in kaltem
Wasser einweichen. Sahne aufkochen,
ausgedrückte Gelatine, Zucker und
Mark einer Vanilleschote zugeben,
noch mal kurz aufkochen. Das Ganze
in passende Förmchen füllen und für
mindestens zwei Stunden in den
Kühlschrank stellen. Soße: Himbeeren
pürieren, mit Zucker und Himbeergeist zu einer Soße rühren. Die Panna
cotta (gekochte Sahne) auf Teller
stürzen und mit der Himbeersoße
servieren.

Getränkeempfehlung
zum Hauptgericht:
Ein fruchtig-ele-
ganter Rotwein
aus Italien, zum
Beispiel aus dem
Piemont.

Hotel Am Triller

Besitzer: Michael Bumb
Trillerweg 57 · 66117 Saarbrücken
Tel. (06 81) 58 00 00 · www.hotel-am-triller.de
Kein Ruhetag

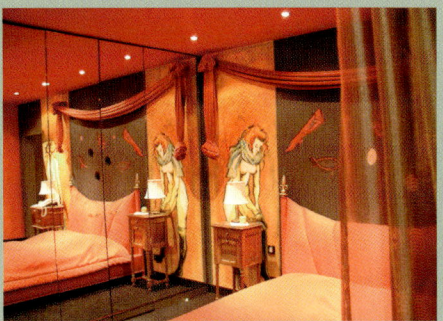

Hier kann man hervorragend wohnen, übernachten, tagen oder feiern – das ist weithin bekannt. Und hier kann man richtig gut essen und trinken – das spricht sich immer mehr herum. Das Hotel Am Triller in Saarbrücken ist ein hervorragendes Aushängeschild für die Landeshauptstadt. Was Michael und Waltraud Bumb hier aufgebaut haben, verdient Hochachtung. „Modernes Design-Hotel im Grünen" nennen sie ihr Haus – und das ist nicht übertrieben.

In ruhiger Lage, mit viel Grün und schönem Blick auf die Stadt, bietet das Hotel 110 Zimmer, Juniorsuiten und Suiten, fast die Hälfte davon sind „Themenzimmer". Da gibt's das heiß begehrte „Moulin Rouge", den „Siebten Himmel" oder die Etage „Licht & Natur" – im Triller kann man immer was Neues erleben. Hinzu kommen moderne Tagungsmöglichkeiten, ein Hallenbad und ein kleiner Garten. Zwei Restaurants, „Galerie" und „Panorama", sowie ein Bistro laden ein.

Die Küchenchefs Jörg Büch und Vincent Weissenbach bieten französische, mediterrane und regionale Gerichte an. Das reicht vom Löwenzahnsalat mit pochiertem Ei, der Marseiller Fischsuppe und der Wachtelterrine mit Portwein-Aspik über Scampi „Aioli" mit Pesto-Spaghetti bis zum Lammcarrée mit Ziegenkäse überbacken. Außerdem gibt es jeden Monat ein spezielles Thema mit saisonalen Spezialitäten. Dazu präsentiert Familie Bumb eine gute Weinauswahl zu zivilen Preisen sowie originelle Veranstaltungen wie das „Murder Mysterie Diner".

Küchenchef Vincent Weissenbach

Hauptgerichte: 17,50 bis 23,50 Euro · Menü: 30 Euro · Einzelzimmer ab 94 · Doppelzimmer ab 112 Euro.

Lisdorfer „Gazpacho" mit Tomaten-Brot

Für vier Personen: 3 Tomaten, 200 g Salatgurke, 1 Karotte, 1 kleine Zwiebel, 1 Zehe Knoblauch, 1 kleine rote Paprika, 1 EL Weißwein, 100 bis 150 ml Wasser, 1 Strauß Blattpetersilie, 100 ml Olivenöl, 1 hartes Brötchen (eingeweicht), 4 Scheiben Baguette, 4 EL Tomatenwürfel, 1 TL fein geriebener Knoblauch, etwas geschnittener Schnittlauch, Salz und Pfeffer.

So wird's gemacht: Gemüse waschen, schälen, klein schneiden und pürieren. Essig und Gewürze, ausgedrücktes Brötchen und Olivenöl hinzu geben, bis die Suppe eine schöne Bindung erhält. Eventuell mit etwas Wasser verdünnen und abschmecken. Suppe eine halbe Stunde kalt stellen. Baguettescheiben toasten, Tomatenwürfel mit Knoblauch und Schnittlauch mischen und auf die Brotscheiben verteilen. Suppe auf vier Teller verteilen, je eine Brotscheibe hineingeben und mit Blattpetersilie garnieren.

Hirschrücken mit Meerrettichsoße

Für vier Personen: 4 Medaillons vom Hirschrücken à 160 Gramm, Salz, Pfeffer, 3 EL Olivenöl, 0,25 l Wildfond, 0,2 l Sahne, ein EL geriebener frischer Meerrettich.

So wird's gemacht: Die Medaillons in einer Pfanne in Olivenöl von beiden Seiten kurz anbraten, aus der Pfanne nehmen und im Backofen bei 140 Grad je nach Fleischdicke 4-5 Minuten ziehen lassen. Bratensatz mit Wildfond ablöschen, auf die Hälfte reduzieren, Sahne dazugeben, aufkochen lassen, 1 Minute köcheln lassen. Meerrettich dazugeben, noch mal aufkochen, mit Salz und Pfeffer abschmecken. Dazu gibt es Dibbelabbes und glacierte Birnen mit Preiselbeeren.

Himbeer-Joghurt-Crème auf Brombeer-Coulis

Für vier Personen: 200 g frische Himbeeren, 1 cl Orangensaft, 40 g Zucker, 3 Blatt Gelatine, 150 g Joghurt, 0,2 l geschlagene Sahne; Brombeer-Coulis: 250 g Brombeeren, 100 g Zucker, 50 ml Wasser, 4 EL Joghurt, etwas Schlagsahne.

So wird's gemacht: Himbeeren mit Orangensaft und Zucker aufkochen, mixen und durch ein Sieb streichen, Saft auffangen. Gelatine in kaltem Wasser einweichen, in einem Topf bei geringer Hitze auflösen. Himbeermark in die Gelatine geben, unter den Joghurt rühren und die Sahne unterheben. Crème drei Stunden kalt stellen. Coulis: Brombeeren mit Zucker und Wasser weich kochen, mixen und durch ein feines Sieb streichen. Crème aus den Formen stürzen und in die Mitte eines Tellers geben. Brombeer-Coulis rundherum verteilen, kleine Joghurttupfen dazugeben. Auf das Törtchen frische Himbeeren und einen kleinen Tupfer Sahne geben. Mit Minze und Puderzucker garnieren.

Getränkeempfehlung zum Hauptgericht: Ein kräftiger Roter (Rhône, Südfrankreich, Ribera del Duero, körperreicher Spätburgunder).

Restaurant Kuntze's Handelshof

Besitzer: Peter und Jutta Kuntze
Wilhelm-Heinrich-Str. 17 · 66117 Saarbrücken
Tel. (06 81) 5 69 20 · www.kuntzes-handelshof.de
Ruhetage: Samstagmittag, Sonntagabend, Montag

Gebratene Gänseleber mit glacierter Feige, Jakobsmuschel und Garnelen auf Petersiliencrème, Seeteufel und Hummerkrabben mit Pesto-Nudeln: Keine Frage, hier wird klassische französische Feinschmeckerküche zelebriert. Im passenden Ambiente, mit hervorragendem Service und einer profunden Weinauswahl. Und das seit gut 25 Jahren. Darauf können Peter und Jutta Kuntze stolz sein.

Ihr „Kuntze's Handelshof" in Saarbrücken am Neumarkt gehört seit vielen Jahren zu den besten Restaurants im Saarland. In dem schön restaurierten barocken Stengel-Gebäude bietet Familie Kuntze in freundlich-hellen Räumen mit persönlicher Note Platz für bis zu 75 Gäste und eine an der Saison orientierte französische Küche mit hochwertigen Produkten an.

Mittags gibt es ein günstiges Business-Menü, à la carte findet man klassische Gerichte wie Dorade royal mit Aromaten gebraten, Kalbsmedaillon mit Pfifferlingen oder Lammcarrée mit frischen Kräutern.

Außerdem stehen zwei weitere Menüs mit vier beziehungsweise fünf Gängen zur Auswahl. Die Speisekarte ist von Hand geschrieben, das passt zum Stil dieses klassisch-eleganten Hauses. Auch für regionale Produkte hat Peter Kuntze ein Händchen, präsentiert als Vorspeise Entenbrust auf Kartoffeldressing, als Hauptgericht Kalbsröllchen gefüllt mit Blattspinat und als Dessert ein Grand Marnier-Parfait mit Mousse au chocolat.

Warm geräucherte Entenbrust auf Kartoffeldressing mit Feldsalat

Für vier Personen: 1 warm geräucherte Entenbrust (beim Metzger bestellen), 2-3 Kartoffeln, weißer Balsamico-Essig, Öl, Salz, Pfeffer, etwas Sahne, 1 EL geröstete Pinienkerne, Feldsalat, Vinaigrette.

So wird's gemacht: Kartoffeln schälen, würfeln und kochen. Durch die Kartoffelpresse drücken. Mit weißem Balsamico-Essig, Öl, Sahne und Gewürzen abschmecken, durch ein feines Sieb passieren. Etwas Kartoffeldressing kreisförmig auf einem Teller anrichten, Entenbrust dünn aufschneiden und dicht nebeneinander auf das Dressing legen. Mit gerösteten Pinienkernen bestreuen und noch mit etwas Dressing benetzen. In die Mitte ein Bouquet von angemachtem Feldsalat arrangieren.

Hauptgerichte: 24 bis 36 Euro · Menüs: 25 Euro(nur mittags), 40 und 51 Euro.

Kalbsröllchen gefüllt mit Blattspinat und Ziegenfrischkäse

Für vier Personen: 8 Stück Kalbsrücken zu je 80 g, 160 g Blattspinat, 120 g Ziegenfrischkäse, Salz, Pfeffer, etwas Mehl, 0,2 l Sahne, 0,2 l trockener Weißwein, 0,25 l Kalbsfond; Zahnstocher.

So wird's gemacht: Kalbfleischscheiben ziemlich dünn klopfen, Spinat kurz abkochen und abtrocknen. Einen Esslöffel Spinat auf das Fleisch geben, dazu eine walnussgroße Menge Ziegenfrischkäse. Fleisch zur Roulade rollen und mit einem Zahnstocher feststecken. Salzen, pfeffern, in Mehl wenden und in Sonnenblumenöl goldgelb anbraten. Mit Weißwein, Sahne und Kalbsfond ablöschen. Zirka 12 Minuten im vorgeheizten Ofen schmoren, danach aus dem Topf nehmen, Soße durch ein Sieb passieren, eventuell noch etwas einkochen. Dazu passen Schupfnudeln und frisches Gemüse.

Grand Marnier-Parfait und Mousse au chocolat mit Erdbeer-Orangensalat

Für zirka sechs Personen: 1 Ei, 3 Eigelb, 50 g Zucker, 30 g Wasser, 250 g Sahne, Grand Marnier zum Abschmecken; Mousse: 125 g Bitter-Couverture (oder gute Bitter-Schokolade), 1 Ei, 1 Prise Zucker, 300 g Sahne, Rum zum Abschmecken.

So wird's gemacht: Parfait: Eier schaumig schlagen, Zucker und Wasser aufkochen, langsam in die Ei-Masse geben, schlagen bis es kalt ist. Sahne steif schlagen, mit Grand Marnier abschmecken und unterheben. Abfüllen und frieren. Mousse: Schokolade im Wasserbad schmelzen lassen, Sahne steif schlagen. Ei mit Zucker im Wasserbad aufschlagen, Sahne mit Rum abschmecken.

Schokolade in die Eimasse geben und mit etwas Sahne verrühren, restliche Sahne unterheben. Abfüllen, kalt stellen. Dazu gibt es Erdbeer-Orangensalat: Filetierte Orangenstücke und Erdbeeren mit etwas Zucker mischen. Das Ganze auf einem großen Teller schön anrichten. Dazu passt Mandel-Eis.

Getränkeempfehlung zum Hauptgericht: Ein körperreicher, eleganter Weißwein (Chardonnay, Riesling Spätlese trocken) oder ein fruchtig-leichter Rotwein (Spätburgunder, Fleurie, Chianti Classico).

Restaurant La Touraine

Besitzer: Laszlo und Gisela Nandorfi
Dudweilerstr. 56 · 66111 Saarbrücken
Tel. (06 81) 9 06 83 35
Kein Ruhetag

Französische Küche und saarländische Gerichte kombinieren Laszlo und Gisela Nandorfi im Bistro-Café-Restaurant „La Touraine" in Saarbrücken. In der Dudweilerstraße 56, vormals Bitburger Residenz, haben die beiden erfahrenen Gastronomen im Oktober 2004 neu eröffnet. Zuvor waren sie unter anderem im ehemaligen Restaurant La Touraine in der Kongresshalle tätig, von dem sie den Namen mitgebracht haben.

Das stattliche Haus in der Dudweilerstraße verfügt über 36 Plätze im elegant-rustikalen Restaurant mit großer Holztheke im Erdgeschoss. Dazu kommen Bankett- und Konferenzräume für bis 60 Personen im Obergeschoss, außerdem ein ruhig gelegener Biergarten. Parken kann man kostenlos im Hof hinter dem Haus (Zufahrt von der Richard-Wagner-Straße aus).

Küchenchef Laurent Jirotka aus Stiring-Wendel und sein Stellvertreter Thomas Eckardt aus Forbach bieten von der „Plat du jour" (Tagesessen) über à la carte-Gerichte bis zu zwei Menüs regionale, mediterrane und klassisch französische Küche an.

Zum Beispiel ein „Bitburger Menü" für 16,80 Euro: 0,2 l Bit, Hoorische mit Specksoße und Kraut, gebratene Spanferkelkeule mit Majorankartoffeln sowie als Dessert Beeren in Chinon. Das „Menü dégustation" (45 Euro) bot bei einem unserer Besuche einen Salat aus dem Fischernetz, Cappuccino von Steinpilzen mit Jakobsmuscheln, Apfelsorbet mit Calvados, Lammrücken im Kartoffelmantel mit Rosmarinjus und Crêpes Suzette. Ansonsten werden im La Touraine französische Spezialitäten wie Côte de Boeuf für zwei Personen oder ein Pariser Pfefferfilet nach klassischer Art mit grobem, schwarzem Pfeffer offeriert.

Küchenchef Laurent Jirotka

Hauptgerichte: 16 bis 24 Euro · Menüs: 16,80, 25 und 45 Euro.

Gebeiztes Welsfilet mit Haselnusskruste in Meerrettich

Für vier Personen: 4 Welsfilets (je 180 g), 1 Karotte, halbe Stange Lauch, halbe Fenchelknolle, 4 EL Haselnuss fein gemahlen, 1 Ei, 2 EL Crème fraîche, 100 g Butter, 2 EL Sahnemeerrettich, 3 EL Öl, 0,1 l Weißwein, 0,1 l Sahne, Salz, Pfeffer.

So wird's gemacht: Welsfilet mit Sahnemeerrettich einpinseln und luftdicht verpackt einen Tag kühl lagern. Karotten schälen, Lauch und Fenchel putzen und alles in Streifen schneiden. In Butter leicht andünsten, ohne dass das Gemüse Farbe bekommt. Beiseite stellen. Gemahlene Haselnuss in 50 g Butter anrösten, kalt werden lassen. Die Endstücke der Filets mit einem Ei und Crème fraîche pürieren, Haselnuss dazugeben, salzen und pfeffern. Für die Soße Weißwein einkochen, Sahne dazugeben, abschmecken. Die Welsfilets in die Soße legen, die Farce darauf geben (Spritzbeutel) und das ganze zirka 15 Minuten im Backofen bei 180 Grad garen. Die Gemüsestreifen warm machen und auf den Tellern in der Mitte anrichten, den Wels obenauf legen und die Soße drum herum verteilen.

Rinderfilet à la Parisienne

Für vier Personen: 4 Rinderfilets à 200 g, 30 g schwarzer Pfeffer geschrotet, 0,3 l Crème fraîche, 0,2 l Bratenjus, 0,1 l Cognac, 2-3 EL Olivenöl, Salz; 200 g Steinpilze, 2 Schalotten, 5-6 Blätter Basilikum, 2 EL Olivenöl, Salz und Pfeffer.

So wird's gemacht: Die Filets in dem geschroteten Pfeffer auf beiden Seiten panieren. Im Olivenöl anbraten, mit dem Cognac flambieren. Bratenjus angießen und einreduzieren. Crème fraîche dazugeben, mit Salz abschmecken und auf die gewünschte Konsistenz einkochen. Schalotten in Öl anschwitzen, zerkleinerte Steinpilze und Basilikum dazugeben, mit Salz und Pfeffer abschmecken. Dazu gibt's Kartoffelgratin und frisches Gemüse.

Rotweinbirnen-Mousse auf Williams-Soße

Für vier Personen: 3 gut reife Birnen, 125 g Zucker, 1 Prise Zimt, 1 Lorbeerblatt, 1 l Rotwein, 2 cl Cognac, halbe Zitrone, halbe Orange, 4 Blatt Gelatine, 300 g Sahne, 2 Eiweiß.

So wird's gemacht: Birnen schälen, halbieren, entkernen. Birnen in einem Liter Rotwein mit Zucker, Lorbeerblatt, Zitronen- und Orangensaft aufkochen, zirka 15 Minuten köcheln lassen, dann den Cognac dazufügen. Birnen und Lorbeerblatt rausnehmen. Brühe einkochen. 4 Blatt Gelatine in kaltem Wasser aufweichen. Sahne aufschlagen, Eiweiß zu Schnee schlagen.1 Birne in Scheiben schneiden und die Innenseiten von kleinen runden Förmchen damit auslegen. Restliche Birnen in der Brühe pürieren, Gelatine dazugeben. Abkühlen lassen. Aufgeschlagene Sahne zufügen, alles vermischen und dann den Eischnee unterheben. In die ausgelegten Förmchen füllen und mindestens einen halben Tag kühl stellen. Dazu passen Vanillesoße und ein Schuss Birnenschnaps.

Getränkeempfehlung zum Hauptgericht: Ein kräftiger, würziger Rotwein (Rhône, Südfrankreich, Piemont, Sizilien).

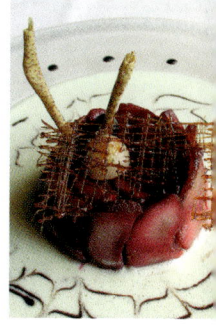

Restaurant Le Bouchon

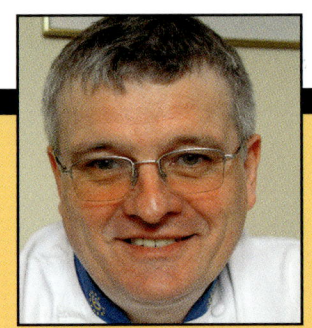

Besitzer: Roland Schauenburg
Am Staden 18 · 66121 Saarbrücken
Tel. (06 81) 6 85 20 60 · www.lebouchon.de
Ruhetag: Samstagmittag, Sonntag

Der Südfranzose und die Alten-kesselerin. Roland Schauenburg stammt aus Gaillac, der Hauptstadt der Region Midi Pyrénées im Süden Frankreichs. Seine Frau Inge ist eine gebürtige Saarbrückerin, sie stammt aus Altenkessel. Die beiden lernten sich in Frankfurt kennen, „wo ich als Restaurantleiter tätig war, sie als Stewardess bei der Lufthansa arbeite-te", erzählt Roland Schauenburg. Das Gastronomen-Ehepaar führte von 1996 an das Hotel Bayrischer Hof mit dem Restaurant Du Midi auf dem Rotenbühl. 2004 zogen die Schauen-burgs um, am Staden haben sie jetzt in einer prächtigen Villa das Restau-rant „Le Bouchon" (der Korken) eröff-net. Und fühlen sich pudelwohl.

Im hellen, freundlichen Gewölbekeller geht's zu wie in einem typisch fran-zösischen Bistro. Günstiges Stamm-essen, das „Menu Routier", „Menu Bouchon" oder das „Menu du Marché" und eine kleine Karte bieten Gerichte der Saison, frisch zubereitet. Im „Bouchon" gibt's hausgemachte Frikadellen oder Lammbratwürste, hier wird geschmort wie bei Großmuttern. Eine schöne Weinkarte mit ausge-suchten Gewächsen ergänzt das Ganze. „Bouchons", darunter versteht man in Frankreich kleine, lebendige Bistros mit lockerer Atmosphäre. Hier trägt der Patron die Speisen auf, ihm vertrauen die Gäste. So bietet auch Roland Schauenburg in seinem Res-taurant eine ehrliche französische Küche und gute Tröpfchen an.
Und ab und zu gibt's kulturelle Veran-staltungen mit heimischen und inter-nationalen Künstlern. Charmant.

Rahmsuppe von Petersilien-Wurzeln mit Kreppel von Geflügelleber

Für vier Personen: 350 g Petersilien-wurzeln, 0,25 l Schlagsahne, 0,25 l Geflügelfond, 0,25 l Milch, 12 Stück Geflügelleber, 1 Prise Salz. Bierteig: 1 Ei, 2 Eiweiß, 1 Prise Salz, 2 EL Öl, 15 dl Bier, 30 g gehackte Petersilie.

So wird's gemacht: Die geputzten und geschnittenen Petersilienwurzeln in Geflügelfond und Milch weich kochen, im Mixer pürieren, Sahne dazugeben und abschmecken. Geflügelleber sal-zen und kurz von allen Seiten anbra-ten, kalt werden lassen. Aus angege-benen Zutaten einen Bierteig zuberei-ten. Suppe nochmals zum Kochen bringen, Geflügelleber in den Teig tauchen und goldbraun frittieren. Suppe in Tellern anrichten, Leber hin-zugeben und mit gehackter Petersilie bestreuen.

Hauptgerichte: 13,50 bis 16,90 Euro · Menüs: 13,90, 25 und 31,80 Euro.

Ochsenschwanz im Wirsingnetz

Für vier Personen: Marinade:
1,5 l kräftiger Rotwein, 2 Zwiebeln,
4 Nelken, 10 Pfefferkörner, 3 Lorbeer-
blätter, 500 g Karotten, 1 EL Zucker;
2 Ochsenschwänze in zirka 8 cm gro-
ßen Stücken, 1 kg Schweinenetz;
2 Wirsingköpfe, 0,2 l Sahne,
1 kg Kartoffeln.

So wird's gemacht: Marinade herstel-
len, Stücke vom Ochsenschwanz eine
Nacht marinieren lassen. Am nächs-
ten Tag Fleisch abtrocknen, in einer
Pfanne in Öl von allen Seiten scharf
anbraten und mit gesiebter Marinade
ablöschen. Fleisch zirka 1,5 Stunden
köcheln lassen. Vom Wirsing 12
Blätter schneiden, in Salzwasser eine
Minute blanchieren und abschrecken.
Schweinenetz ausbreiten und in 8
Teile schneiden. Darauf blanchierten
Wirsing legen und die ausgelösten
Fleischstücke verteilen.
Zusammenrollen, in der Pfanne gut
anbraten und im Backofen fertig
garen. Restlichen Wirsing gar kochen,
würzen und mit Sahne pürieren. Dazu
gibt es Rotwein-Schalottensoße und
Bratkartoffeln.

Tarte Tatin mit Bratapfel-Parfait

Für vier Personen: Mürbeteig,
500 g säuerliche Äpfel, 50 g Butter,
100 g Zucker, 2 Päckchen Vanille-
zucker. Parfait: 300 g Äpfel,
20 g Puderzucker, 2 Eigelb,
30 g Zucker, 40 g Honig, 0,2 l Sahne,
1 EL Rosinen (mit Calvados oder
Apfelschnaps geträufelt), geröstete
Mandelsplitter.

So wird's gemacht: Einen Mürbeteig
herstellen. Äpfel schälen, entkernen
und in Achtel schneiden. Eine Torten-
form mit Butter fetten. Hälfte des
Zuckers in der Form verstreuen,

Äpfel hineinlegen und darauf die 50 g
erwärmte Butter und den restlichen
Zucker verteilen. Teig kreisförmig ausrollen und die Äpfel damit bedecken.
Im vorgeheizten Backofen zirka 30
Minuten bei 180 Grad backen und
auf eine Kuchenplatte stürzen.
Bratapfel-Parfait: Äpfel schälen, vierteln und mit Puderzucker bestäuben.
Im Backofen zirka 20 Minuten karamellisieren. Wenn die Äpfel weich
sind, pürieren und durch ein Sieb
streichen. Eigelb mit Zucker und
Honig schaumig rühren, Apfelmousse
dazugeben, ebenso Mandeln, Rosinen
und die steifgeschlagene Sahne. In
eine Form füllen und einfrieren. Zum
Anrichten stürzen und in Scheiben
schneiden.

Getränkeempfehlung
zum Hauptgericht:
Ein kräftiger Rotwein
(Rhône, Südfrank-
reich, Ribera Del
Duero, Süditalien)
oder ein Bier.

Ristorante Milano

Besitzer: Loris und Vincenco Doriguzzi
Saaruferstr. 13 · 66103 Saarbrücken
Tel. (06 81) 5 78 53
Ruhetag: Dienstag

Drei Männer geben Gas. Und das seit über 25 Jahren. Zwei Brüder aus den Dolomiten und ein Küchenchef aus Venedig sind Garanten für eine gleich bleibend gute und ehrliche italienische Küche mitten in Saarbrücken. Loris und Vincenco Doriguzzi, Formel 1-Freunde und Fußball-Interessierte, führen seit gut einem Viertel Jahrhundert das Ristorante Milano in der Saaruferstraße. Zusammen mit dem Küchen-Team um Arturo Finotto verwöhnen sie ein großes Stammpublikum. Familiär und ungezwungen geht's hier zu, Stammgäste werden per Handschlag begrüßt, der Service der Doriguzzi-Brüder ist stets freundlich und kompetent. In dem Restaurant mit den großen Wandgemälden des Mailänder Doms und des „Arco della Pace" (Friedensbogen) werden die Hauptgerichte auf Platten angerichtet, das Essen wird auf- und nachgelegt – das hat Stil.

Das „Milano" verfügt über 70 Plätze, hier trifft man immer bekannte Gesichter, sonntags- oder montagsabends öfters auch Saarbrücker Küchenchefs, die Arturos gute Hausmannskost zu schätzen wissen. Die knusprige Pizza kommt aus dem Spezialofen – sehr lecker. Beliebt ist die Wochenkarte mit saisonalen Angeboten, von der Suppe über kalte und warme Vorspeisen bis zu Fisch- und Fleischgerichten sowie Desserts. Dazu gibt es Klassiker wie Rindercarpaccio, Vitello tonnato (kalte Kalbfleischscheiben mit Thunfischcrème) oder Seezunge in Butter gebraten. Große Stärke der Milano-Küche sind die Schmorgerichte, zum Beispiel Involtini (gefüllte Kalbsröllchen), Ossobucco, Hirschragout oder Kaninchen in Olivensoße.

Küchenchef Arturo Finotto

Hauptgerichte: 13 bis 19 Euro · Menü: auf Anfrage.

Linsensuppe

Für vier Personen: 200 g Linsen, 50 g Speck, je ein Zweig Majoran, Thymian und Rosmarin; 3 Lorbeerblätter, 1 EL Tomatenmark, etwas Wasser, 2 EL Öl, Salz und Pfeffer.

So wird's gemacht: Linsen mit Lorbeerblättern zirka eine Stunde weich kochen, abtropfen lassen. Kräuter in Öl und gewürfeltem Speck anschwitzen. Sobald der Speck angebräunt ist, das mit Wasser verrührte Tomatenmark dazugeben und alles mit Salz und Pfeffer würzen. Lorbeerblätter von den Linsen entfernen und die Soße zu den Linsen geben. Alles kurz aufkochen und heiß servieren. Dazu passt eine pikante Wurst, zum Beispiel italienische „Cotechino".

Kaninchen mit Olivensoße

Für vier Personen: 1 fleischiges, junges Kaninchen, in grobe Stücke zerteilt; 1 EL Olivenöl, 100 g Speck, 250 g gehackte Zwiebeln, 2 gehackte Stangen Sellerie, 0,5 l Fleischbrühe, 1 Lorbeerblatt, 1 Zweig Rosmarin, Salz, Pfeffer, 50 g entkernte Oliven.

So wird's gemacht: Kaninchenstücke waschen und abtrocknen, Öl, Speck, Zwiebeln und Sellerie in einem großen Topf sanft anbraten, bis das Fett aus dem Speck herausläuft. Kaninchenstücke hineinlegen und zehn Minuten zart anbraten, bis sie goldbraun sind (mehrmals wenden). Brühe und Kräuter dazugeben, mit Salz und Pfeffer abschmecken, aufkochen, im geschlossenen Topf 45 bis 60 Minuten sanft schmoren lassen. Oliven hinzufügen und weitere zehn Minuten schmoren. Mit Spaghetti oder Bandnudeln servieren.

Apfelpizza mit Vanille-Eis

Für vier Personen: ein halber Würfel Hefe, ein halber TL Zucker, 400 g Mehl, 5 EL Olivenöl, 2 grüne Äpfel, 8 EL Aprikosenmarmelade.

So wird's gemacht: Hefe mit Zucker und 0,25 l lauwarmem Wasser in einer großen Schüssel verrühren, mit Mehl und Öl zu einem elastischen Teig verkneten. Hefeteig zugedeckt an einem warmen Ort 30 Minuten gehen lassen. Backofen auf 250 Grad vorheizen. Teig auf einer bemehlten Arbeitsfläche zu vier dünnen, runden Böden ausrollen und auf ein mit Backpapier ausgelegtes Backblech legen. Pizzaböden mit dünnen Apfelspalten belegen und zirka 10 bis 15 Minuten backen lassen. Aprikosenmarmelade mit etwas Wasser verdünnen und die Apfel-Pizza damit bestreichen. Dazu passt ein Bällchen Vanille-Eis.

Getränkeempfehlung zum Hauptgericht: Ein kräftiger Weißwein (Süditalien, Pinot Grigio) oder ein fruchtiger Rotwein (Chianti Classico, Spätburgunder).

Ristorante Roma

Besitzer: Alberto Del Fa
Klausenerstr. 25 · 66115 Saarbrücken
Tel. (06 81) 4 54 70 · www.roma-ristorante.de
Ruhetag: Montag

Küchenchef
Thomas Scheidweiler

Er stammt von der Insel Elba und er liebt vor allem die toskanische und norditalienische Küche. Mit Gerichten aus seiner Heimat hat sich Alberto Del Fa im Saarland ein großes Stammpublikum erobert. Mit seinem Ristorante Roma sorgt er für großstädtisches Flair im ruhigen Saarbrücker Stadtteil Malstatt. Urlaubserinnerungen werden wach, wenn man in dem eleganten Restaurant mit dem dunklen Holz und den vielen Bildern, den fein eingedeckten Tischen und dem schönen Blumenschmuck einkehrt. Erinnerungen an kulinarische Genüsse in der Toskana oder dem Piemont. Mit klassischen Gerichten wie Brassato al Barolo, Ochsenschwanz nach Piemonteser Art oder der gebackenen Ente à la Toskana (siehe Rezept) verwöhnen der Patron, seine Frau Maura Del Fa sowie der deutsche Küchenchef Thomas Scheidweiler seit 25 Jahren ihre Gäste.

Hier wird verlässlich und auf hohem Niveau gekocht, stets frisch nach Saison und Marktangebot. Auch wer Fisch und Meeresfrüchte zu schätzen weiß, kommt im Roma auf seine Kosten. Mit Austern und Jakobsmuscheln zum Beispiel, Risotto mit Meeresfrüchten, Spaghetti mit Scampi oder leckeren gegrillten Fischen. Weinfreunde lassen sich am besten vom Patron beraten, er hat in verschiedenen Preisklassen feine Tröpfchen anzubieten. Neben der gebackenen Ente präsentieren wir einen knackfrischen bäuerlichen Salat mit hausgemachtem Thunfisch („Contadina") sowie als Dessert einen mit Amaretti und Marsala gefüllten Pfirsich. Apropos Urlaubsgefühle: Bei gutem Wetter sitzt man schön auf der lauschigen Terrasse – und parken kann man bequem um die Ecke (Extra-Stellplätze für Restaurantbesucher, Zufahrt Ludwigstraße).

Hauptgerichte: 17 bis 26 Euro · Menü: 27 und 49 Euro.

Salat Contadina

*Für vier Personen: 4 Tomaten, 8 Pell-
kartoffeln, 1 Stück Lauchzwiebel,
400 g frischer Thunfisch, 2 EL Essig,
Salz, Pfeffer, 0,2 l trockener Weißwein,
1 EL Zitronensaft, 1 EL weißer Balsamico, 3 EL Olivenöl, 1 Zwiebel,
1 Lorbeerblatt, Oliven zum Dekorieren.*

So wird's gemacht: Thunfisch mit
Wein, Essig, Lorbeerblatt und Salz
aufkochen und etwa zehn Minuten
ziehen lassen, der Fisch soll schön
rosa sein. Lauwarme Pellkartoffeln
mit den geschnittenen Tomaten auf
einen großen Teller geben, mit Salz,
Pfeffer, Balsamico und Olivenöl würzen, den Thunfisch dazugeben. Mit
Zitronensaft beträufeln, mit fein
gehacktem Zwiebellauch bestreuen
und mit Oliven dekorieren.

Gebackene Ente à la Toskana

*Für vier Personen: 1 weibliche Ente
(zirka 1,5 kg, mit Resten), 1 Scheibe
Dörrfleisch, halber Bund Rosmarin,
5 Blätter Salbei, 4 Zehen Knoblauch,
Salz, Pfeffer, 2 EL Bier, 1 TL Honig,
Olivenöl.*

So wird's gemacht: Ausgenommene
Ente innen salzen, Rosmarin, Salbei
und Knoblauch auf die Dörrfleisch-
Scheibe legen, zusammenrollen und
in die Ente geben. Ente außen gut
mit Salz und Pfeffer einreiben und
mit Olivenöl begießen. In einen
großen Topf geben, Entenreste
(Knochen, Abschnitte) dazu. Im
Backofen etwa eineinhalb Stunden
bei 160 Grad backen. Vor dem Anrichten mit Bier-Honig-Gemisch einstreichen, drei Minuten bei voller
Hitze schön kross werden lassen. Aus
den Entenresten kann man eine Soße
zubereiten. Dazu passen Apfelrotkohl
und hausgemachte Gnocchi.

Gefüllte Pfirsiche

*Für vier Personen: 80 g Amaretti,
4 große, gelbe Pfirsiche, 0,1 l Marsala,
2 TL Zitronensaft, 1 Eigelb, 8 geschälte Mandelkerne, 1-2 EL Zucker,
2-3 EL Butter, 1 EL Puderzucker.*

So wird's gemacht: Pfirsiche enthäuten und Steine entfernen. Frucht-
hälfte leicht aushöhlen. Amaretti
zerbröseln, mit Marsala tränken,
Zitronensaft und Eigelb dazugeben.
Vermischen und in die Pfirsichhälfte
füllen. In eine gebutterte Auflaufform
geben und 15 Minuten überbacken.
Vor dem Anrichten mit Puderzucker
bestreuen. Dazu ein Bällchen Vanille-
Eis servieren.

Getränkeempfehlung
zum Hauptgericht:
Ein körperreicher
Rotwein, zum Bei-
spiel aus der Süd-
toskana (Vino Nobile
di Montepulciano)
oder aus dem
Piemont.

Restaurant Schlossgarten

Besitzer: Ernst und Claudia Halbritter
Spichererberg-/Ecke Talstraße · 66119 Saarbrücken
Tel. (06 81) 5 19 85
Ruhetage: Sonntag und Montagabend

Respekt. Das gibt's nicht alle Tage. Ein Vierteljahrhundert Gastronomie auf hohem Niveau. Seit fast 30 Jahren verwöhnen Ernst und Claudia Halbritter ihre Gäste im gleichen Haus. Das Restaurant Schlossgarten in Saarbrücken (Ecke Spichererberg-/Talstraße), direkt hinter dem namengebenden Garten des Saarbrücker Schlosses, ist eine der besten Adressen in der Landeshauptstadt, ein treues Stammpublikum weiß das zu schätzen. In dem über 100 Jahre alten Stengel-Haus kann man sich im freundlich-eleganten Restaurant mit 45 Plätzen bewirten lassen.

Holzvertäfelte Wände, weißer Putz und weiße Decke sowie schön eingedeckte Tische laden ein. Claudia Halbritter kümmert sich liebevoll um den Service, ihr Mann Ernst bietet feine und frische Gerichte nach klassischem französischen Vorbild und nach regionalen Rezepten. Berühmt ist zum Beispiel seine Blutwurst im knusprigen Rösti mit aromatischen Steinpilzen. Der Patron, der aus dem Fränkischen stammt, verfolgt eine klare Linie, betont den Eigengeschmack der hochwertigen Produkte. Ein feiner Gruß aus der Küche gehört stets dazu, dann vielleicht ein leckeres Süppchen, als Hauptgericht Kaninchenrücken mit Senfsaatsoße und dann geeiste Mirabellen mit Zwetschgenkompott. Liebhaber der französischen Feinschmeckerküche wählen die Gänseleber-Variation, Rinderfilet oder einen edlen Fisch. Das alles wird auf handgeschriebenen Karten präsentiert. Und eine gute Weinauswahl mit deutschen und französischen Gewächsen gehört ebenfalls dazu.

Hauptgerichte: 16 bis 24,50 Euro · Menü: 39,50 Euro.

Verheirate mit Flussfischen

Für vier bis sechs Personen: 400 g Kartoffeln, 400 g Mehl, 0,5 l Sahne, Salz, 2 Eier, 150 g geräucherter Speck, 3 Saiblingsfilets, 1 Zanderfilet.

So wird's gemacht: Kartoffeln schälen, in mittelgroße Würfel schneiden und in Salzwasser garen. Aus Mehl, Eiern und einem Teil der Sahne einen zähflüssigen Teig herstellen. Das Wasser mit Salz aufkochen und den Teig teelöffelweise abstechen und ins Wasser geben. Fünf Minuten ziehen lassen. Gewürfelten Speck anbraten und mit dem Rest der Sahne vermischen, aufkochen, abschmecken. Fisch in vier bis sechs Teile schneiden, mit Salz und Zitronensaft würzen. In etwas Mehl wälzen und in Butterfett braten. Kartoffelwürfel und Mehlknepp mit dem Fisch auf vorgewärmten Tellern anrichten und Speck-Sahnesoße dazugeben.

Geschmortes Milchzicklein mit Rosmarin

Für vier Personen: 2 Schultern, 2 Nieren, 2 Lebern und eine Keule vom Milchzicklein, Salz, Pfeffer, 2 Zweige Rosmarin, 1 große Zwiebel, 2 Lorbeerblätter, 2 Knoblauchzehen, Mehl zum Bestäuben, 1 EL Tomatenmark, Butterschmalz, 0,25 l Weißwein, 0,25 l Brühe.

So wird's gemacht: Fleisch von der Haut befreien, Zickleinschultern in je zwei Teile schneiden, geputzte Keule in große Würfel schneiden. Beides zusammen in Butterschmalz scharf anbraten. Kleingeschnittene Zwiebel dazugeben, mit etwas Mehl bestäuben, mit Weißwein und Brühe ablöschen. Restliche Zutaten (ohne die Innereien) in einen Topf geben, das Fleisch beifügen und das Ganze mit Wasser fast bedecken. Zirka 45 Minuten leicht köcheln lassen. Fleisch mit einem Schaumlöffel in eine Kasserolle umfüllen und warm stellen. Soße einkochen und abschmecken. Halbierte Nierchen und in mundgerechte Stücke geschnittene Leber in Mehl wenden und in Butter rosa anbraten. Fleisch und Innereien auf vorgewärmten Tellern anrichten und Soße angießen. Dazu passen Nudeln oder Pommes Dauphine.

Geeister Cappuccino

Für vier Personen: 2 Eigelb, 1 Ei, 100 g Zucker, 2 EL Espressopulver, 4 cl Kaffeelikör, 2 cl Grand Marnier, eineinhalb Tassen heißes Wasser, 0,375 l Sahne, Schale einer unbehandelten Orange.

So wird's gemacht: Ei, Eigelb und Zucker in einer Schüssel verrühren, Espressopulver mit dem heißen Wasser auflösen und zusammen mit den Eiern und dem Zucker über einem heißen Wasserbad dickschaumig aufschlagen. Likör und geriebene Orangenschale dazugeben. Schüssel in Eis setzen und weiterschlagen bis die Masse kalt ist. Sahne schlagen und unter die Masse heben. In Förmchen oder Mokkatassen abfüllen und zirka drei Stunden frosten.

Getränkeempfehlung zum Hauptgericht: Ein fruchtiger Rotwein (Spätburgunder, Bordeaux, Rioja, Toskana).

Victor's Residenz-Hotel

Besitzer: Victor's Residenz-Hotels GmbH
Deutschmühlental · 66117 Saarbrücken,
Tel. (06 81) 58 82 10 · www.victors.de
Kein Ruhetag

Küchenchef
Marc Brenner

„Unser Ziel ist Ihr Genuss" – mit diesem Slogan wirbt das Victor's Residenz-Hotel in Saarbrücken. Das Haus im Deutschmühlental, direkt am Deutsch-Französischen Garten, verfügt über 145 Zimmer und Suiten, von der Terrasse blickt man auf den kleinen See. Für einen Großteil des Genusses zuständig ist Marc Brenner (Jahrgang 1971), der seit April 2004 die Küchen-Brigade leitet. Der gebürtige Münchener hat unter anderem im Bayrischen Hof und bei Käfer in München gearbeitet. Bei Victor's in Saarbrücken gefällt dem Küchenchef „die sehr abwechslungsreiche Arbeit", man habe ein richtig gutes Team aufgebaut. Das Angebot reicht vom à-la-carte-Essen bis zu großen Banketten für bis zu 200 Personen. Das große Restaurant im Pariser Brasserie Stil bietet 180 Plätze und ist unterteilt in die Bereiche „Boulevard" und „Park".

Außerdem kann man es sich in der rustikalen „Victor's Stube" gemütlich machen. Im Restaurant stehen verschiedene Menüs und französische Brasserie-Gerichte auf der Karte. Zum Beispiel Crevettes rosés mit zwei Dips, Tagliatelle mit Rucola und Shrimps, Zanderfilet auf Blattspinat mit Rieslingsoße, Entrecôte mit Kräuterbutter und Pommes. Beliebt sind die „Spezialitäten für 2": Entrecôte Double in Thymianjus mit Gemüse und dreierlei Kartoffeln, Chateaubriand mit verschiedenen Soßen oder die mediterrane Fischplatte. Außerdem gibt es immer eine Aktionskarte mit saisonalen Spezialitäten. In der Stube wird deftig und regional aufgetischt: Münchner Weißwürste mit süßem Senf und Brezeln, Leberknödelsuppe, gegrillter Lyoner, Boudin oder Lisdorfer Kohlroulade.

Hauptgerichte: 13,60 bis 19,50 Euro · Menüs: 12,50 und 26 Euro.

Avocadosuppe mit geräuchertem Saibling

Für vier Personen: 2 reife Avocados, 0,7 l Hühnerbrühe, 2 Messerspitzen Curry, frisch gemahlener Pfeffer, Salz, 2 EL Sauerrahm, eine halbe Zitrone, 2 geräucherte Saiblingsfilets oder Forellenfilets.

So wird's gemacht: Avocado schälen, mit Zitronensaft beträufeln, mit Salz, Pfeffer, Curry würzen und pürieren. Nach und nach die heiße Hühnerbrühe einrühren. Vorsicht: Wenn es der Avocado zu heiß wird, wird sie bitter! Sauerrahm dazugeben, nochmals pürieren. Anrichten: Suppe in die Teller füllen, Saiblingsfilets in vier gleich große Stücke schneiden und in die Suppenteller geben.

Gefüllter Spanferkelrücken mit jungem Gemüse und Hoorische

Für vier Personen: ein halber ausgelöster Spanferkelrücken mit Schwarte, 1 großer Bund Bärlauch, je 8 Zuckererbsenschoten, Fingermöhrchen, Babymais, kleine Blumenkohlröschen, kleine Brokkoliröschen, 600 g fertiger Kloßteig, 200 ml Bratenjus, Salz, Pfeffer, Kümmel, etwas Knoblauch.

So wird's gemacht: In den Spanferkelrücken eine Tasche einschneiden und mit gehacktem Bärlauch füllen. Die Schwarte des Spanferkelrückens rautenförmig einschneiden und mit Salz, Pfeffer, Kümmel und fein gehacktem Knoblauch würzen. Etwas mit Rapsöl einstreichen und im vorgeheizten Ofen bei 200 Grad zirka 20 Minuten braten. Gemüse blanchieren (nur kurz in kochendes, leicht gesalzenes Wasser geben) und danach anrichten. Aus dem Kloßteig Hoorische formen und 20 Minuten im Salzwasser kochen. Den knusprigen Spanferkelrücken aufschneiden, Jus aufkochen und zusammen mit dem Gemüse und den Hoorischen anrichten.

Erdbeercrème im Baumkuchenmantel

Für vier Personen: Erdbeercrème: 200 g pürierte Erdbeeren, 150 g weiße Schokolade, 30 g Zucker, 3 Blatt Gelatine, 3 Eigelb, 350 g geschlagene Sahne, 0,1 l Eierlikör.
Baumkuchenmantel: 50 g Marzipan, 6 Eigelb, Saft einer halben Zitrone, 1 Vanillestange, 100 g Mondamin, 140 g Mehl, 3 TL Backpulver, 8 Eiweiß, 200 g Zucker.

So wird's gemacht: Eigelb unter Wasserdampf schaumig schlagen. Schokolade schmelzen, zusammen mit dem Zucker zum Ei geben. Gelatine in warmem Eierlikör auflösen und zugeben. Die pürierten Erdbeeren hinzufügen, die geschlagene Sahne unterheben und kalt stellen. Marzipan, Eigelb, Zitronensaft und Vanillemark schaumig rühren, Mondamin, Mehl und Backpulver unterheben, Eiweiß und Zucker aufschlagen und unterheben. Eine dünne Schicht der Masse (1-2 mm) auf ein gut gefettetes Blech geben und im Ofen bei 180 Grad Oberhitze 2-3 Minuten braun werden lassen. Wiederholen bis die Masse verbraucht ist. Kalt stellen und einen Ring ausstechen und mit der Crème füllen. In die Mitte eine Erdbeere geben, Deckel auflegen und kalt stellen. Teller mit Erdbeeren und Schokolade garnieren.

Getränkeempfehlung zum Hauptgericht: Ein kräftiger Weißwein (Grauburgunder, Chardonnay) oder ein fruchtiger, leichter Rotwein (Spätburgunder).

Restaurant Quack im Haus Weismüller

Besitzer: Anne und Wolfgang Quack
Gersweilerstr. 43a · 66117 Saarbrücken
Tel. (06 81) 5 21 53 · www.weismueller-restaurant-quack.de
Ruhetage: Samstagmittag, Sonntagabend, Montag

Gersweilerstr. 43a. Eine Villa mit Blick auf Saarbrücken. Im Westen der Landeshauptstadt, unweit der Messe, haben Wolfgang und Anne Quack mit der Villa Weismüller ein prächtiges Domizil gefunden. In dem aufwändig und geschmackvoll renovierten ehemaligen Forsthaus auf dem Berg bieten sie ihren Gästen eine frische Bistro- und eine originelle Feinschmeckerküche. Da lacht der grüne Frosch, das Erkennungszeichen der Quacks. In der Brasserie ist immer was los. Eine Treppe höher stehen weitere Räume bereit, unter anderem zwei kleine Zimmer für Feinschmecker.

In der Villa Weismüller harmonieren alte Bausubstanz und neue Einrichtung sehr gut. Und bei schönem Wetter lockt der Biergarten. In der Brasserie stehen zwei Menüs zur Auswahl, dazu Vorspeisen, Suppen und Salate, hausgemachte Pasta, Fisch- und Hauptgerichte sowie Desserts und Käse. Beliebt ist beispielsweise das panierte Kalbsschnitzel mit Kartoffel-Gurkensalat. Im Feinschmecker-Restaurant kann man in elegant-intimer Atmosphäre Gänseleber im Baumkuchenmantel, Edelfische wie St. Pierre auf rotem Zwiebelkonfit, Wachtel-Variation oder süße Verführungen wie Kaffee-Mousse mit eingelegten Feigen genießen. Sehr ansprechend ist auch die Weinauswahl mit vielen deutschen Gewächsen.

Wolfgang Quack (Jahrgang 1967) hat unter anderem bei Margarethe Bacher, Eckard Witzigmann und Dieter Müller Erfahrungen gesammelt. In der Villa Weismüller fühlt er sich zusammen mit Ehefrau Anne (Service und Weine) sehr wohl.

Hauptgerichte Brasserie: 14 bis 19 Euro · Menüs Brasserie: 24 und 29 Euro.

Spargel-Löwenzahn-Salat mit Grapefruit-Vinaigrette und Zanderschnitte

Für vier Personen: 16 Stangen weißer Spargel, 300 g gelber Löwenzahn, 3 Grapefruits, 240 g Zanderfilet. Vinaigrette: 2 EL weißer Balsamico-Essig, 3 EL Traubenkernöl, 3 EL Olivenöl, 2 EL Grapefruitsaft, Salz, Pfeffer, Zucker, Limonensaft, 1 Bund Kerbel, 8 Kirschtomaten.

So wird's gemacht: Grapefruits schälen, filetieren und eine davon in Würfel schneiden. Zutaten für die Vinaigrette verrühren, mit Grapefruitwürfeln mischen. Löwenzahn in 3 cm große Stücke schneiden und in lauwarmes Wasser legen. Spargel schälen, kochen die Spitzen abschneiden, für die Garnitur beiseite legen, Rest in 3 cm große Stücke schneiden. Löwenzahn abtropfen lassen, mit den Spargelstücken und der Vinaigrette mischen. Zanderfilets in vier Stücke schneiden, mit Salz, Pfeffer und Zitronensaft würzen, in Olivenöl braten. Salat auf einem großen Teller anrichten, gebratenen Fisch, Spargelspitzen und nach Geschmack Crevetten dazu legen. Mit Kirschtomaten, Kerbel und Grapefruitfilets dekorieren, zum Schluss nochmals etwas von der Vinaigrette darübergeben.

Filet vom Waller mit Meerrettichsoße und Flusskrebsen

Für vier Personen: 20 Flusskrebse, 4 Waller-Filets, 1 Zitrone, 0,25 l Wasser, 0,1 l Weißwein, je 1 Zweig Dill und Thymian, 5 weiße Pfefferkörner, 1 Spritzer Essig, je 100 g Karotten, Petersilienwurzel und Lauch, 0,25 l Weißwein, 0,125 l weißer Balsamico-Essig, 0,25 l Sahne, 1 EL frisch geriebener Meerrettich.

So wird's gemacht: Filets in vier Stücke schneiden, mit Zitrone und Salz würzen. Wasser, Wein, Essig, Kräuter und Gewürze in einer Pfanne aufkochen. Fischfilets bei milder Hitze 5-7 Minuten köcheln. Fischstücke herausnehmen, warm stellen. Sud auf die Hälfte einkochen, mit Sahne auffüllen. Meerrettich hinzugeben und abschmecken. Gemüse in feine Streifen schneiden und in kochendem Wasser kurz blanchieren. Flusskrebse in Gemüse-Essig-Brühe 4-5 Minuten kochen, herausnehmen, abkühlen lassen, Krebsschwänze ausbrechen. Soße auf vorgewärmte Teller geben, Fischstücke darauflegen, mit Gemüsestreifen bestreuen. Krebsschwänze rundherum verteilen. Dazu passen Salzkartoffeln und Blattspinat.

Warme Kirsch-Schlupper mit Vanillesoße

Für vier Personen: 250 g Brioche, 250 g entsteinte Kirschen, 50 g gehobelte Mandeln, 0,5 l Sahne, 120 g Zucker, 7 Eier, 1 Prise Zimt, Mark von einer Vanillestange; Soße: 0,25 l Milch, 0,25 l Sahne, 100 g Zucker, Mark von 2 Vanillestangen, 5 Eigelb, 100 g geschlagene Sahne.

So wird's gemacht: Brioche in Würfel schneiden, Kirschen halbieren, Mandeln hinzugeben. Sahne, Eier, Zucker, Vanillemark und Zimt gut verrühren. Masse über die Briochewürfel geben, mit den Kirschen vermengen. In einer gebutterten Form bei 220 Grad im vorgeheizten Backofen 30 Minuten backen, danach die Schlupper auskühlen lassen. Soße: Milch, Sahne, Zucker und Vanillemark aufkochen, mit dem Eigelb stocken. Soße abpassieren, kalt stellen. Vorm Servieren die geschlagene Sahne unterziehen. Schlupper in vier Stücke teilen, nochmals kurz im Backofen anwärmen. Vanillesoße auf tiefe Teller verteilen, Schlupper daraufsetzen.

Getränkeempfehlung zum Hauptgericht: Ein kräftiger Weißwein (Grauburgunder, Chardonnay, Süditalien, Sizilien, Rhône).

Restaurant Altes Pförtnerhaus

Besitzer: Uwe Schäfer
Fischbacher Str. 102 · 66287 Quierschied
Tel. (0 68 97) 6 01 06 65
Ruhetag: Montag

Ein originelles Haus, mit Sorgfalt und Liebe eingerichtet. Ein Kleinod der saarländischen Gastronomie, eine der schönsten Entdeckungen der letzten Jahre: Das Restaurant Altes Pförtnerhaus am Knappschaftskrankenhaus in Quierschied. Rund 100 Jahre alt ist das Fachwerk-Gebäude, das unter Denkmalschutz steht.

Im Sommer 2003 hat sich der erfahrene Gastronom Uwe Schäfer hier selbstständig gemacht. Der Koch aus Leidenschaft und engagierte Gastronom verwöhnt seine Gäste mit gehobener Küche und einer sehr guten Weinauswahl. 30 Plätze im Restaurant und 40 auf der schönen Terrasse stehen zur Verfügung – und Parkplätze ohne Ende. Der gebürtige Quierschieder verwendet gute Grundprodukte, die er ideenreich und gekonnt zubereitet, mal französisch, mal mediterran oder mit regionalem Touch.

Die Standardkarte bietet Suppen, Vorspeisen und Nudelgerichte, große Salatteller, Fisch, Fleisch und Desserts. Da gibt's zum Beispiel eine leichte Senfsuppe mit geräucherter Forelle oder eine Fischsuppe „bretonische Art" mit Meeresfrüchten. Wer Fleisch mag, wählt vielleicht die Schweinemedaillons an Sherry-Rahmsoße oder die Lammhüfte an Soße Provençale. Auch Fischliebhaber finden eine gute Auswahl: Cassoulet von Edelfischen mit Flusskrebs-schwänzen in leichter Vermouth-Soße zum Beispiel oder Zanderfilet „mediterran" auf geschmorten Lauch-zwiebeln. Und eine Sünde wert sind auch die leckeren Desserts, ob Eis-Spezialitäten, Sorbets oder flambierte Pfirsiche auf Pfirsich-Eis.

Hauptgerichte: 14 bis 18,50 Euro · Menüs auf Anfrage.

Spargel-Artischocken-Salat auf Reibekuchen mit Salsa Verde

Für vier Personen: 4 mittelgroße, gekochte Artischocken, 2 EL Olivenöl, Salz, frischer Pfeffer, 1 Schalotte, 2 zerdrückte Knoblauchzehen, 2 Thymianzweige, 12 Spargelstangen (grün und weiß), frischer Schnittlauch; Salsa Verde: Petersilie, Majoran, 1 TL Kapern, Olivenöl, Limettensaft, 2 Knoblauchzehen, 1 Schalotte, 1 TL grobkörniger Senf.

So wird's gemacht: Spargel schälen und in 5 cm-Stücken bissfest garen. Schalotte mit 2 Esslöffeln Olivenöl glasig dünsten, Knoblauch, Artischocken und Spargel zugeben, dann Thymianzweige. Mit Salz und Pfeffer abschmecken. Aus geriebenen Kartoffeln kleine Reibekuchen zubereiten. Schichtweise auf jeweils zwei Reibekuchen auftürmen und mit Schnittlauch bestreuen. Für die Salsa Verde alle Zutaten hacken und gut vermischen, mit Zucker, Salz und Pfeffer abschmecken.

Bachsaibling auf Kartoffel-Zwiebel-Püree mit Pfifferlingen und Basilikumbutter

Für vier Personen: 4 Filets vom Bachsaibling (jeweils zirka 180 g), 800 g Kartoffeln, Sahne und Milch gemischt, 1 kleine Zwiebel, 4 Zitronenscheiben, 200 g Pfifferlinge, Thymian, frisches Basilikum, 100 g Butter, 1 Schalotte, Olivenöl, Salz, Pfeffer, Zitrone, Petersilie.

So wird's gemacht: Aus geschälten Kartoffeln ein Püree zubereiten, gebräunte Zwiebeln untermischen. 100 ml Wasser mit der gewürfelten Schalotte auf die Hälfte reduzieren, die kalte Butter unterrühren, bis sie leicht sämig wird. Zum Schluss beim Anrichten die frischen, feingeschnittenen Basilikumblätter zufügen. Den gewürzten und bemehlten Saibling auf der Hautseite anbraten, nach dem Wenden Zitronenscheiben mitbraten. Pfifferlinge in Butter sautieren und abschmecken. Das Kartoffel-Zwiebel-Püree auf den Teller geben, darauf den Saibling, dann die Pfifferlinge mit frischer Petersilie rundherum und mit der Basilikumbutter anrichten.

Himbeeren und Rhabarber im Briocheteigmantel auf Orangensoße

Für vier Personen: 600 g Rhabarber, 220 g Zucker, 300 g Himbeeren, 3 Blatt rote Gelatine, 4 Briochebrötchen; Orangensoße: 0,25 l Orangensaft, Saft von 2 Orangen, 2 EL Zucker, 1 Messerspitze Vanillepuddingpulver, ein Schuss Grand Marnier.

So wird's gemacht: Rhabarber putzen und würfeln. Mit Zucker und Himbeeren ca. 5 Minuten aufkochen, durch ein Sieb passieren. Gelatine in kaltem Wasser einweichen und unter das passierte Püree geben. Briochebrötchen in je 4-5 Scheiben schneiden, Förmchen damit auslegen und mit dem Püree bis zum Rand füllen. Über Nacht in den Kühlschrank stellen. Soße: Orangensäfte im Topf mit Zucker erhitzen, dann mit Vanillepuddingpulver binden, einen Schuss Grand Marnier zugeben. Die Orangensoße kalt zu einem Spiegel gießen, mit Orangenfilets und Orangenzesten garnieren. Die Törtchen kurz unter heißem Wasser aus der Form lösen und stürzen, garnieren mit gehackten Pistazien, Minze und Schlagsahne.

Getränkeempfehlung zum Hauptgericht: Ein kräftiger, fruchtiger Weißwein, zum Beispiel ein Riesling Spätlese trocken oder ein Grauburgunder.

Restaurant Forsthaus Neuhaus

Besitzer: Khalid Arabe und Annette Krautkremer
66115 Saarbrücken
Tel. (0 68 06) 99 45 66 · www.forsthaus-neuhaus.de
Ruhetage: Montag, Dienstagmittag

Hier sitzt man mitten im Wald. Viel Holz – draußen und drinnen. Ein idyllischer Ort – und ein historischer dazu. 1572 ließ sich Graf Philipp III. ein Jagdschloss bauen, danach nutzten die Grafen von Nassau-Saarbrücken das Anwesen als Gutshof. Später wurde das Gebäude Sitz der Revierförsterei – und heute kann man im Forsthaus Neuhaus prächtig genießen. Das Pächter-Paar Khalid Arabe (Küche) und Annette Krautkremer (Service), zuvor lange Jahre im Restaurant Riegelsberg erfolgreich, haben hier eine schöne neue Adresse mit vielen Möglichkeiten gefunden. Der einstige Westflügel von Schloss Philippsborn wurde komplett umgebaut und beherbergt jetzt eines der originellsten Restaurants im Saarland. Beide Seiten des langgestreckten Gebäudes bestehen aus raumhohen Fenstern, so sitzt man quasi mitten im Wald. Boden und Wände bestehen aus acht verschiedenen einheimischen Hölzern.

Hier stehen 60 Plätze zur Verfügung. Wunderschön sitzt man auch im Biergarten (80 Plätze), im Schatten einer mächtigen, uralten Platane. Khalib Arabe und sein Team bieten eine saisonbezogene gehobene Küche an, arbeiten eng mit Landwirten und Imkern aus der Region zusammen. Mediterrane Gerichte, verwurzelt in der französischen Küche mit arabischen Einflüssen, so könnte man die phantasievollen Kreationen umschreiben. Zum Beispiel Jakobsmuscheln auf Spargel-Risotto, Seeteufel mit Knoblauch und Gemüse oder Rehrücken mit Perigord-Trüffeln. Daneben gibt es einfachere, rustikale Speisen für den kleinen Geldbeutel und eine schöne Weinauswahl. Das Restaurant Forsthaus Neuhaus ist ein Fall für die ganze Familie.

Zanderschnitte auf Kräuterrisotto und Bärlauchsoße

Für vier Personen: 600 g Zanderfilet mit Haut, 150 g Risotto-Reis, 100 ml trockener Weißwein, 450 ml Fischfond, 20 g frisch geriebener Parmesan, 100 g Butter, 100 ml Sahne, 1 Schalotte, 4 Knoblauchzehen, Kräuter (Kerbel, glatte Petersilie, Dill, Basilikum, Thymian), 1 Bund Bärlauch, Salz, weißer Pfeffer.

So wird's gemacht: Gehackte Schalotten und etwas Knoblauch in Butter anschwitzen, Risotto-Reis dazugeben. Mit Weißwein und Fischfond nach und nach aufgießen (etwas Fond zurückhalten) und 20 Minuten unter Rühren köcheln lassen. Zanderfilets auf der Hautseite in Pflanzenöl zirka 6 Minuten braten. Einen Thymianzweig und eine Knoblauchzehe mitbraten. Mit Salz und weißem Pfeffer würzen. Filets wenden und 2-3 Minuten fertig braten. Bärlauch waschen, mit restlichem Fond pürieren, durch ein Haarsieb gießen. Mit Sahne erhitzen, abschmecken. Butter und Parmesan

zum Risotto geben, eine Minute rühren, zuletzt frische Kräuter dazugeben (ein wenig Kräuter behalten). Risotto in einem tiefen Teller anrichten, Fisch darauf legen. Bärlauchsoße mit kalter Butter montieren und um das Risotto geben. Rest der Kräuter darüberstreuen.

Milchkalb-Tafelspitz mit Spargel und Frühlingsmorcheln

Für vier Personen: 1 Tafelspitz vom Milchkalb (700-900 g), Wurzelgemüse (Karotten, Sellerie, Lauch, Zwiebel), 200 g frische Frühlingsmorcheln, 100 ml Sahne, 150 ml trockener Weißwein, 100 ml weißer Portwein, 200 ml Gemüse- oder Geflügelfond, 150 g Butter, Salz, Pfeffer, Schalotten, Knoblauch, Thymian, Rosmarin.

So wird's gemacht: Tafelspitz mit Salz, Pfeffer und gehacktem Thymian würzen. In Pflanzenöl kurz von beiden Seiten anbraten. Gewürfeltes Wurzelgemüse und Stiele der geputzten Morcheln dazugeben und anbraten. Mit Weißwein, Fond und der Hälfte des Portweins aufgießen. Einen Zweig Thymian, Rosmarin und Pfefferkörner dazugeben. Im Ofen bei 180 Grad 20 Minuten garen lassen. Fleisch warm stellen. Fond passieren. Morcheln mit etwas Butter anschwitzen, restlichen Portwein und Fond dazugeben, kurz aufkochen. Mit Sahne aufgießen. Fleisch aufschneiden, mit Morcheln anrichten. Soße abschmecken, mit Butter montieren und dazugeben. Dazu gibt es Spargel und Salzkartoffeln.

Rhabarbertörtchen mit marinierten Erdbeeren

Für vier Personen: Teig: 120 g Butter, 100 g Puderzucker, 250 g Mehl, 1 Ei, 50 g gemahlene Mandeln; Belag: 500 g Rhabarber, 20 g Himbeeren, 170 g Zucker, 100 ml Weißwein, 25 ml Grand Marnier, Mark einer Vanilleschote, 10 g Mehlstärke, 100 ml Sahne, 1 ganzes Ei und 1 Eigelb; 200 g Erdbeeren.

So wird's gemacht: Aus den Zutaten einen Teig kneten, eine halbe Stunde kalt stellen. Belag: Rhabarber schälen und in Stücke schneiden. 120 g Zucker karamellisieren, Rhabarberschalen und Himbeeren dazugeben. Vanillemark beifügen, mit Wein ablöschen, kurz köcheln lassen. Sud absieben, Grand Marnier dazugeben. Mit Mehlstärke abbinden. Vom Herd nehmen, Rhabarberstückchen dazugeben. Sahne, Eier und 50 g Zucker mixen. Teig dünn ausrollen und kleine, gefettete Backformen (zirka 8 cm Durchmesser) damit auslegen, blind backen (nur den Teig bei 160 Grad 10 Minuten). Rhabarber darauf verteilen, darüber die Sahnemasse geben. 20 Minuten bei 170 Grad backen. Erdbeeren putzen, in Scheiben schneiden. Zuckern und mit Grand Marnier und Zitronensaft abschmecken. Lauwarmes Rhabarbertörtchen auf einen Teller geben, marinierte Erdbeeren anrichten. Dazu passt Vanille-Eis.

Getränkeempfehlung zum Hauptgericht: Ein kräftiger Weißwein (Grauburgunder, Chardonnay, Riesling Spätlese, Rioja).

Hotel-Restaurant Haus Gabriel

Besitzer: Astrid Rösner
Saarbrücker Str. 140 · 66292 Riegelsberg
Tel. (0 68 06) 39 39 · www.hotel-haus-gabriel.de
Ruhetag Restaurant: Samstagmittag · Pilsstube: kein Ruhetag

Ein starkes Team. Kompetent, freundlich und engagiert. Die Gäste im Hotel-Restaurant Haus Gabriel in Riegelsberg wissen das zu schätzen. Inhaberin Astrid Rösner, ihr langjähriger Küchenchef Gilles Majchrzak, der aus St. Avold stammt, und ihre Mitarbeiter bieten eine saisonorientierte Küche mit guten, frischen Produkten. Vom schnellen Mittagstisch über das feine Abendessen für zwei bei Kerzenschein bis zur größeren Feier im Nebenraum oder im großen „Saal der vier Jahreszeiten" ist man hier gut gerichtet. Das gemütliche Restaurant mit einem schönen Aquarium als Blickfang verfügt über 38, der Saal über 160 Plätze. Und in der Pilsstube (kein Ruhetag) gibt es kleine Gerichte.

Das Haus in der Saarbrücker Straße 140 ist eine beliebte Adresse, hier stimmt das Preis-Leistungsverhältnis. Auf der Karte stehen französisch geprägte internationale und regionale Gerichte wie beispielsweise zarter Tafelspitz mit pikant abgeschmeckter Meerrettichsoße oder Kalbshaxe mit kräftiger brauner Soße. Als heimische Gerichte mit Pfiff hat sich der Küchenchef Topinambur-Crèmesuppe, Zander auf Sauerkraut mit Trauben als Hauptgericht und eine Apfeltarte mit Karamell-Eis ausgedacht.
Der Service kümmert sich aufmerksam und freundlich um die Gäste, sorgfältig zusammengestellt ist die Weinkarte mit einer guten Auswahl, auch an offenen Tröpfchen.

Küchenchef Gilles Majchrzak

Hauptgerichte: 14 bis 20 Euro · Menüs: 29,50 Euro und 38 Euro (beide mit Weinbegleitung).

Topinambur-Crèmesuppe

Für vier Personen: 1 kg Topinambur-Knollen, 1,5 l Gemüsebrühe, 1 Knoblauchzehe, 1 Messerspitze Kümmel, 0,25 l Sahne, 0,125 l Crème fraîche, Salz, Pfeffer, 100 g zart geräucherter Frühstücksspeck, dünn geschnitten.

So wird's gemacht: Topinambur gut mit einer Bürste unter fließendem Wasser mitsamt der dünnen Schale reinigen. In Nussgröße geschnittene Knollen in die Gemüsebrühe geben und mit der Knoblauchzehe und dem Kümmel etwa eine halbe Stunde kochen. Die Masse mit einem Mixer pürieren, Püree nochmals aufkochen. Die Hälfte der Sahne und die Crème fraîche mit dem Schneebesen einschlagen, mit wenig Salz und Pfeffer würzen. Rest der Sahne steif schlagen und unmittelbar vor dem Servieren unter die Suppe heben. Frühstücksspeck kross anbraten und auf die angerichtete Suppe legen.

Gebratener Zander auf Sauerkraut mit Trauben

Für vier Personen: 800 g Zanderfilet mit Haut, 800 g Sauerkraut (fertig gegart), 200 g Trauben (entkernt und gehäutet), 0,125 l Rahm, 60 g Butterschmalz (oder geklärte Butter), 15 g kalte Butter, 0,1 l Sauerkrautbrühe, 0,1 l Fischfond.

So wird's gemacht: Zander in vier Portionen teilen, Haut mehrmals einschneiden. Sauerkraut abtropfen lassen, mit Trauben vermischen, warm stellen. Sauerkrautbrühe einkochen, Fischfond dazugeben, zu einer sirupartigen Konsistenz reduzieren. Rahm dazugeben, kurz durchmixen, mit kalter Butter verfeinern. Zander mit Salz und Pfeffer würzen, in Mehl wenden, in Butterschmalz zuerst mit der Hautseite goldbraun anbraten. Dann auf der anderen Seite braten. Das Sauerkraut in der Tellermitte anrichten, den Zander draufsetzen.

Tarte Tatin mit Karamell-Eis

Für vier Personen: 250 g Blätterteig, 1 kg Äpfel, 150 g Zucker, 150 g Butter; Eis: 1 Vanillestange, 250 g Sahne, 0,25 l Milch, 150 g Zucker, 12 Eigelb.

So wird's gemacht: Für die Tarte die Äpfel schälen und vierteln. Butter auf kleiner Flamme in einer feuerfesten Form oder im Backblech (keine Springform!) erhitzen und den Zucker darin karamellisieren lassen. Backofen auf 220 Grad vorheizen. Äpfel sternförmig in die Form legen und die Form mit dem ausgerollten Blätterteig abdecken. Zirka 35 Minuten backen. 10 Minuten ruhen lassen und anschließend stürzen und noch warm, mit einer Kugel Karamell-Eis servieren.
Für das Karamell-Eis Vanillemark, Sahne und Milch aufkochen. Zucker unter Rühren schmelzen und karamellisieren. Leicht abkühlen lassen und mit der heißen Sahne-Milch ablöschen und darin auflösen. Eigelb schaumig rühren und mit der Sahne-Karamell-Flüssigkeit mischen. Auf kleiner Hitze leicht stocken lassen (nicht kochen). Masse sieben, abkühlen und in der Eismaschine gefrieren lassen.

Getränkeempfehlung zum Hauptgericht: Ein kräftiger Weißwein (Riesling Spätlese, Grauburgunder, Chardonnay, Süditalien, Rhône).

Gasthaus Zum Schwan

Besitzer: Klaus-Dieter und Christiane Koschine
Derler Str. 34 · 66346 Püttlingen
Tel. (0 68 98) 6 19 74 · Ruhetag: Dienstag

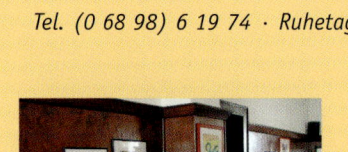

Das Saarland trauert um einen sympathischen Küchenchef, um einen liebenswerten und charmanten Gastgeber: Klaus-Dieter Koschine ist tot. Im Sommer, kurz bevor dieses Buch in Druck ging, traf die traurige Nachricht ein. Zusammen mit seiner Frau Christiane hat Koschine seine Gäste seit 1994 in Püttlingen mit großem Können verwöhnt. Familie Koschine ist immer bescheiden geblieben, obwohl sie eines der besten Restaurants im Saarland geführt hat: Das „Gasthaus Zum Schwan". Im Schatten des mächtigen Köllertaler Doms duckt sich das Haus in der Derler Straße. Das prächtige Messingschild wirkt wie ein Versprechen. Und das wurde immer wieder eingelöst. Mit französischer Feinschmeckerküche auf hohem Niveau. Die zelebrierte der Patron mal klassisch, mit Gänseleber-Variation, frischem Hummer, am liebsten aus der Bretagne, oder feiner Taube, am besten aus der Bresse. Oder mit mediterranen oder regionalen Einflüssen. So verpasste er der herrlich rosa gebratenen Ente eine Kruste aus Sesam und Honig – sehr lecker.

Überhaupt: Koschine hatte auch ein Händchen für regionale Gerichte, die er mit Raffinesse verfeinerte. Hervorragend war immer sein Köllertaler Zicklein mit Schnippelbohnen. Und Christiane Koschine leitete stets freundlich und umsichtig den Service. Ob im gemütlich-rustikalen Bistro oder im eleganten Restaurant, hier haben wir uns immer sehr wohl gefühlt. Die Ära Koschine ist allzu schnell zu Ende gegangen.

Kalbstafelspitz-Gelee auf Bratkartoffelsalat mit Trüffelvinaigrette

Für vier Personen: 0,2 l Tafelspitzbrühe, 4 Blatt Gelatine, Salz, 1 Spritzer Essig, 200 g gekochter Kalbstafelspitz, 100 g blanchierte Gemüsewürfel, 600 g Kartoffeln (gekocht und gepellt), 20 g Butterschmalz; Vinaigrette: 1 schwarzer Trüffel mit Fond, 1 fein geschnittene Schalotte, 6 EL Olivenöl, 2 EL Madeira, 2 EL Portwein, 2 EL weißer Balsamico-Essig, 4 EL Walnuss-Öl, Salz, Pfeffer.

So wird's gemacht: Tafelspitzbrühe erwärmen, Gelatine darin auflösen, verrühren, mit Salz und Pfeffer abschmecken. Kalbstafelspitz in dünne Scheiben schneiden. In eine Terrinenform lagenweise Tafelspitz, Gelee und Gemüsewürfel einfüllen. Fünf Stunden in den Kühlschrank stellen. Kartoffeln in Scheiben schneiden, in Butterschmalz bräunen. Vinaigrette: Trüffel in feine Würfel schneiden, mit Schalotten in Olivenöl

Hauptgerichte: 24 bis 28 Euro · Menüs: 45, 62 und 69 Euro.

anschwitzen. Mit Madeira, Portwein und Balsamico ablöschen. Mit Trüffelfond aufgießen, kurz einkochen. Walnuss-Öl dazugeben, mit Salz und Pfeffer abschmecken. Kartoffelscheiben mit der Vinaigrette marinieren, mit dem Kalbstafelspitz anrichten.

Entenbrust in der Sesam-Honig-Kruste

Für vier Personen: 2 küchenfertige Enten, 20 g Butterschmalz, Salz, Pfeffer, 2 ungeschälte, halbierte Knoblauchzehen, 2 Thymianzweige, 1 Rosmarinzweig, 30 g Butter. Sesam-Honig-Kruste: 50 ml Geflügelfond, 80 g Honig, 75 g Butter, 2 EL Sojasoße, 100 g Sesam, Chili, Salz.

So wird's gemacht: Entenbrüste auslösen, Flügelknochen an der Brust lassen. Aus den gehackten Karkassen eine Entenjus herstellen. Fett der Entenbrust einschneiden, Brüste in einer Pfanne mit Butterschmalz auf der Fettseite kross anbraten, salzen, pfeffern. Knoblauch und Kräuter dazugeben, Entenbrüste wenden, kurz anbraten. Butter dazu und Brüste glasieren. Fleisch mit Kräutern auf ein mit Alufolie ausgelegtes Backblech legen, im Ofen bei 120 Grad 20 Minuten garen. Geflügelfond, Honig, Butter, Sojasoße und Sesam gut verrühren, in einem Topf dickflüssig einkochen. Würzen und auskühlen lassen. Entenbrüste damit bestreichen, unter dem Backofengrill knusprig bräunen. Dazu gibt es Entenjus und gebackene Rotkohlknödel.

Zwetschgentarte mit Pflaumensoße

Für vier Personen: Teig: 150 g Butter, 75 g Zucker, 1 Ei, 1 Vanillestange, 1 Prise Salz, 50 g Biskuitbrösel, 100 g Mehl, 75 g geröstete Mandeln, Mehl zum Ausrollen. Vanillecrème: 0,2 l Milch, 0,2 l Sahne, 3 EL Zucker, 1 Vanillestange, 2 Eigelb, 20 g Speisestärke. Soße: 150 g Crème fraîche, 40 g Puderzucker, 4 cl Zwetschgenwasser, 50 g geschlagene Sahne, 8-10 Zwetschgen.

So wird's gemacht: Aus den angegebenen Zutaten einen Teig bereiten. 1 Stunde kühl stellen, dann dünn ausrollen und Törtchen von 10 cm ausstechen. Auf ein mit Backpapier ausgelegtes Blech setzen, bei 220 Grad 15 Minuten backen. Auskühlen lassen. Crème: Milch bis auf 3 EL mit Sahne, Zucker und Vanillemark aufkochen. Eigelb mit Stärke und der restlichen Milch anrühren. Vanillemilch damit binden. Drei Minuten köcheln, abkühlen lassen, durch ein Sieb streichen. Kühl stellen. Crème fraîche mit Puderzucker und Zwetschgenwasser verrühren, Schlagsahne unterheben. Törtchen mit Vanillecrème bestreichen, mit geachtelten Zwetschgen belegen. Mit Puderzucker und etwas Zimt bestäuben. Im Ofen bei 220 Grad 10 Minuten erhitzen und auf die Teller geben. Mit der Soße umziehen. Dazu passt weißes Schokoladen-Eis.

Getränkeempfehlung zum Hauptgericht: Ein körperreicher, eleganter Rotwein, (Spätburgunder, Piemont, Toskana, Rioja).

Brasserie Am Markt

Besitzer: Markus und Silke Albrecht
Am Markt 4 · 66265 Heusweiler
Tel. (0 68 06) 60 37 07 · Ruhetag: Samstagmittag
www.brasserieammarkt.de

Pilzcrème-Suppe, Hirschrücken, Rotweinbirne – ein gehaltvolles herbst-winterliches Menü aus regionalen Produkten kommt von der Brasserie Am Markt in Heusweiler. Und zu jedem dieser drei Gerichte wurde ein passender Wein serviert. Das ist typisch für die beliebte Adresse von Markus und Silke Albrecht im Herzen von Heusweiler. Das Gastronomen-Ehepaar bietet eine vorzügliche Wein-Auswahl an. Vom Schnäppchen für Einsteiger (eine gute Flasche Wein für zirka elf, zwölf Euro) bis zu Nobelmarken für Spezialisten ist alles da. Dazu ein riesiges Grappa-Sortiment.

In der mit hellem Holz und wechselnder Dekoration gestalteten Brasserie ist täglich von 11 Uhr bis in die Nacht was los. 80 Sitzplätze stehen hier zur Verfügung, im Saal der Kulturhalle kann man unterschiedliche Veranstaltungen ausrichten, von 20 bis zu 350 Gästen. Und bei schönem Wetter sitzt man auf der Terrasse.

Markus Albrecht, ehemaliger Postangestellter, hat sein Hobby zum Beruf gemacht. Mit Engagement und Spaß an der Arbeit leitet er zusammen mit seiner Frau Silke den Service. Hier geht´s locker und persönlich zu.

„Unsere Gäste kommen aus dem ganzen Saarland", erklärt Albrecht. Sie schätzen die solide Küche und das hervorragende Weinangebot. Salate und Nudelgerichte sind die Stärken der Brasserie Am Markt, Rigatoni „Diavolo" (scharf) für 8,50 Euro oder Spaghetti mit Riesengarnelen (pikant) zu 14 Euro sind zwei Favoriten bei den Gästen. Küchenchef Jacques Noé aus Forbach und sein Team bringen auch beliebte Fisch- und Fleischgerichte auf den Teller, von Perlhuhnbrust (12,90 Euro) über Lammrücken (18,50 Euro) bis zur Edelfisch-Variation (19 Euro). Und wer Deftiges mag, greift zu Grumbeerschwänz mit Speckrahmsoße oder zur Lyonerpfanne. In der Brasserie sind wechselnde Ausstellungen zu sehen und ab und zu gibt es Live-Musik und andere Kulturveranstaltungen.

Küchenchef Jacques Noé

Hauptgerichte: 9 bis 21,50 Euro · Menü auf Anfrage.

Winterliche Pilzcrème-Suppe

Für vier Personen: je 200 g klein geschnittene Waldpilze und Austernpilze, 80 g Schalotten, 100 g Lauch, 0,5 l Gemüsebrühe, 0,5 l Sahne, 40 g Butter, Salz, Pfeffer. Dekoration: 80 g Champignons, 20 g Butter, Schnittlauch.

So wird's gemacht: Schalotten und Lauch fein schneiden, in Butter anschwitzen, Pilze dazugeben und kurz braten. Mit Gemüsebrühe auffüllen, mit Salz und Pfeffer abschmecken. Zirka 20 Minuten garen lassen, dann die Sahne dazugeben und nochmals 20 Minuten einkochen lassen. Suppe mit dem Stabmixer pürieren. Champignons in dünne Scheiben schneiden und in der Butter goldgelb braten. Schnittlauch sehr fein schneiden. Suppe anrichten und mit Champignons und Schnittlauch dekorieren.

Hirschrücken mit Preiselbeersoße und geschmorten Feigen

Für vier Personen: 1,2 kg Hirschrücken mit Knochen, je 100 g Möhren, Zwiebeln und Tomaten, 1 Stange Lauch, je 80 g Petersilie und Preiselbeeren, 0,5 l Rotwein, 60 ml Sahne, 2 Feigen, 1 cl Portwein, 10 g Zucker.

So wird's gemacht: Hirschrücken von den Knochen entfernen, Knochen anbraten, Möhren, Lauch, klein geschnittene Zwiebeln dazugeben und braten. Mit Rotwein und 0,5 l Wasser auffüllen. Tomatenwürfel und Petersilie dazugeben, salzen und pfeffern. Eine Stunde garen lassen (das ist die Grundlage für die Soße). Fond passieren, 80 g Preiselbeeren und Sahne dazugeben und einkochen, nochmal abschmecken. Fleisch mit Salz und Pfeffer würzen und in der Pfanne von beiden Seiten anbraten. Im vorgeheizten Backofen bei 180 Grad zirka 20 Minuten garen lassen. Feigen halbieren, Portwein und Zucker aufkochen, Feigen im Sud zirka drei Minuten garen. Fleisch aufschneiden und mit der Soße und den Feigen anrichten. Dazu gibt's in Butter geschwenkte Schupfnudeln.

Pochierte Rotweinbirne auf Haselnuss-Crème

Für vier Personen: Rotweinbirne: 4 Birnen, 0,5 l Rotwein, 100 g Zucker, 1 Zimtstange, Saft einer halben Orange, 1 ausgekratzte Vanillestange, 1 Anisstern. Crème: je 40 g Butter, Zucker, gemahlene Haselnüsse und Mehl, 1 Eigelb.

So wird's gemacht: Zutaten für die Birne aufkochen, Birnen schälen, halbieren, entkernen und 15 Minuten in der Flüssigkeit garen lassen. Kalt stellen. Für die Crème Butter und Zucker cremig aufschlagen, Eigelb und Haselnüsse dazugeben und weiter rühren. Zum Schluss 40 g Mehl dazugeben. Backofen auf 180 Grad vorheizen. Haselnusscrème auf vier Teller verteilen, im Ofen ganz kurz karamellisieren. Birne in Fächer schneiden und auf die Teller legen. Dazu passt ein Bällchen Honig- oder Vanille-Eis. Als Dekoration: gehackte Pistazien und Pfefferminzblättchen.

Getränkeempfehlung zum Hauptgericht: Ein kräftiger Rotwein aus Bordeaux oder Piemont oder ein körperreicher Spätburgunder aus der Pfalz oder Baden.

Die alte Festungsstadt Saarlouis, vom Sonnenkönig Ludwig XIV. 1680 gegründet, erkundet man am besten vom Großen Markt aus. In den Straßen und Gassen der Altstadt sowie in den Kasematten findet man kleine Geschäfte, vor allem aber viele Restaurants, Kneipen und Cafés.

Die „längste Theke des Saarlandes", das idyllische Niedtal, Bergehalde, Tropfsteinhöhle und der sagenhafte Litermont – auch der Landkreis Saarlouis hat viel Abwechslung zu bieten.

Sehenswert ist auch der Altarm der Saar und die Vaubaninsel mit Park. Einen Besuch wert sind das Museum Haus Ludwig (zeitgenössische und moderne Kunst) und das Städtische Museum, mit einem Modell der Vauban-Festung.

Ausflüge lohnen zur Bergehalde
Ensdorf und zum Litermont zwischen
Nalbach und Düppenweiler
(herrliche Aussicht).
In Dillingen kann man das Hütten-
werk mit Hochofen, Stahl- und Walz-
werk besichtigen, das weiter moderni-
siert wird. Die Dillinger Hütte GTS
produziert Roheisen, Stahl und ver-
edeltes Grobblech.
Besucher müssen sich anmelden, Aus-
kunft unter: Tel. (0 68 31) 47 28 01.

In der anderen Richtung geht's nach Rehlingen-Siersburg, Hemmersdorf und in den Saargau. Ein Kleinod ist das Haus Saargau in Wallerfangen-Gisingen: das schön restaurierte Lothringer Bauernhaus beherbergt ein Museum der ländlichen Alltagskultur und hinter dem Haus wurde ein Bauerngarten angelegt.

Im Tal der Nied kann man wunderbar radeln und wandern, in Hemmersdorf die traditionellen Lothringer Bauernhäuser bewundern.

Über Rehlingen-Siersburg erreicht man Niedaltdorf mit der schönen Tropfsteinhöhle.

In Wadgassen, in der ehemaligen Abtei, kann man sich im Deutschen Zeitungsmuseum anhand von 4000 Exponaten über die Geschichte der Zeitung inklusive der Drucktechnik informieren. Gegenüber liegen das Museum für historische Zweiräder und die Cristallerie Wadgassen, ein Zweigwerk von Villeroy und Boch, wo man noch Glasbläsern bei ihrer kunstvollen Arbeit zusehen kann.

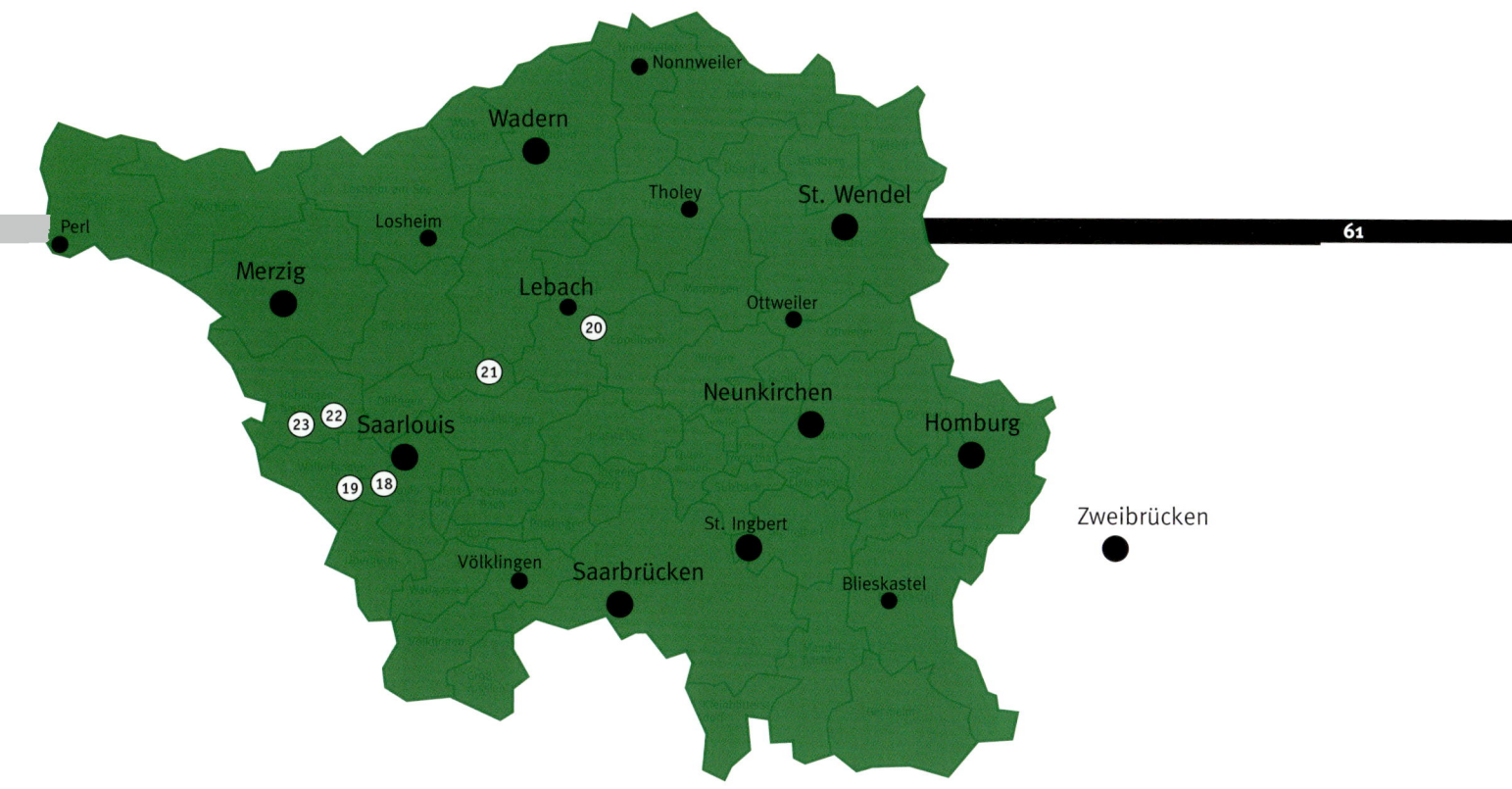

Restaurants:

Restaurant Trampert

Besitzer: Jürgen Trampert
Hauptstr. 2-4 · 66740 Saarlouis-Beaumarais · Tel. (0 68 31) 96 56 70
Ruhetage: Samstagmittag, Sonntag, Montagmittag
www.restaurant-trampert.de

Genießen wie in Paris. Weinrote Lederbänke, Sessel und Tische von Thonet, Spiegel und schwarz-weiße Fliesen, Lampen von Perzel, und auch das Art Deco Buffet stammt aus der französischen Hauptstadt. Dazu große Ölbilder von Roger Lersy, die einst den Speisesaal des Luxusdampfers Liberté schmückten. Vive la France! Wie in einem klassischen französischen Bistro sitzt man im Restaurant Trampert im Alten Pfarrhaus Beaumarais in Saarlouis.

In einem einmaligen Ambiente bieten Jürgen Trampert und sein Team eine gehobene französische Küche an. Das traditionsreiche Eckhaus hat viel Flair. Neben dem Restaurant kann man auch im Wintergarten oder auf der hübschen Terrasse sitzen.

Küchenchefin Evelyn Weyand (Jahrgang 1960), eine gebürtige Saarlouiserin, orientiert sich an der Saison, wechselt viermal im Jahr die Karte und bietet gerne auch „Extras" an. Zum schnellen Mittagstisch kommen bodenständige, regionale Gerichte auf den Tisch – „originell verpackt", so die Küchenchefin. A la carte kann man sich beispielsweise ein Rosa Linsensüppchen mit Pernod und Eismeerkrabben oder einen Salat mit Ziegenkäse-Spinat-Kroketten und Joghurt-Dip schmecken lassen. Danach vielleicht Steinbeißer auf Wildreis mit zweierlei Kaviar oder Lammhüfte mit Tortillakruste auf Gemüse-Couscous. Respekt verdient die Weinkarte mit einer schönen Auswahl (Schwerpunkt: Frankreich) zu fairen Preisen. Und immer wieder ein Genuss ist der Service unter Leitung von Jürgen Trampert, dem freundlichen Patron.

Küchenchefin Evelyn Weyand

Hauptgerichte: 19,50 bis 25 Euro · Menü: auf Anfrage.

Salat von Löwenzahnblüten mit warmen Brennnesselcroûtons und zwei Soßen

Für vier Personen: 1 Lollo rosso, Lollo bianco oder Kopfsalat, 100 g Löwenzahnblüten und -knospen; Croûtons: 2 Brötchen oder Weißbrot gewürfelt, 50-100 g Brennnesselspitzen in Streifen geschnitten, 50 g Butter; 1. Soße: 1 Becher Joghurt, 50 ml Sahne, 1 TL Senf, Zitronensaft, Salz, Pfeffer, halber TL Ketchup; 2. Soße: 5 EL Salatöl, 3 EL Essig und gleiche Menge Wasser, Salz, Pfeffer.

So wird's gemacht: Geputzten Salat und gewaschene, von den Stielen befreite Löwenzahnblüten und -knospen mischen, auf Tellern servieren. Erste Salatsoße auf die eine Hälfte des Salates anrichten, zweite Soße auf die andere Hälfte geben. Brotcroûtons in Butter goldgelb braten, Brennnesselspitzen kurz dazugeben und über den Salat streuen.

Medaillons vom Hochwälder Hirschrücken auf Schokoladensoße

Für vier Personen: 500 g Hirschrücken, 100 g Speck in dünnen Scheiben, je 200 g Salz und Mehl, Gewürze: je 70 g Spekulatius- und Lebkuchengewürz, 30 g Kardamom, 20 g Nelken, 30 g Sichuanpfeffer, 20 g Sternanis, 20 g Koriander (alles gemahlen), 10 Wachholderbeeren (zerdrücken), je 2 Zweige Thymian und Rosmarin, 3 Gewürznelken, 5 Sternanis, 4 Lorbeerblätter, 1 Ei; Soße: 8 cl roter Portwein, 10 cl Spätburgunder, 5 Sternanis, 30 g Schokolade (72% Kakao), 2 EL Kakaobohnensplitter, 2 cl Cognac.

So wird's gemacht: Gewürzteig: Mehl, Ei, 8 cl Wasser und die Gewürze verkneten und ausrollen. Auf den Teig Wacholderbeeren, Thymian und Rosmarin sowie Gewürznelken, Sternanis und Lorbeerblätter verteilen. Mit dem Speck bedecken. Hirschrücken salzen und pfeffern, in heißem Öl von allen Seiten kurz anbraten, auf den Speck legen. Hirschrücken in den Teig einpacken, im Backofen (160 Grad) 30-35 Minuten braten. Für die Soße Rotwein, Porto und Sternanis aufkochen, Schokolade und Kakaobohnensplitter dazugeben. Mit Salz, Pfeffer und Cognac abschmecken.

Maronensoufflé mit Preiselbeeren

Für vier Personen: 500 g Maronen, 70 g Zucker, 70 g zimmerwarme Butter, 80 g Bitter-Kuvertüre, 3 cl heiße Milch, 160 g Lebkuchen gerieben, 4 Eigelb, 4 Eiweiß, abgeriebene Schale von zwei Bio-Orangen, Butter und Zucker für die Formen.

So wird's gemacht: Maronen einritzen, im Ofen bei 170 Grad 20 Minuten rösten, Schale entfernen. 100 g Maronen fein hacken, Rest mit etwas Wasser und 10 g Zucker weich kochen und pürieren. Butter mit 50 g Zucker aufschlagen. Kuvertüre in heißer Milch schmelzen, mit Lebkuchenbröseln zur Butter geben. 160 g vom Maronenpüree dazugeben, glatt rühren. Orangenschale, Eigelb und Maronen beifügen, abkühlen lassen. Eiweiß und 10 g Zucker schaumig schlagen, unter die Masse heben. Masse in gebutterte und gezuckerte Souffléformen füllen, ins Wasserbad geben, für 30 Minuten in den Ofen schieben. Danach die Formen stürzen. Dazu gibt es Preiselbeeren.

Getränkeempfehlung zum Hauptgericht: Ein fruchtig-eleganter Rotwein (Spätburgunder, Bordeaux, Piemont).

Villa Fayence

Besitzer: Bernhard M. Bettler
Hauptstr. 12 · 66798 Wallerfangen
Tel. (0 68 31) 9 64 10 · Ruhetag: Sonntag
www.villafayence.de

Stilvoll, elegant, klassisch. Schon die Einfahrt. Durch ein großes Tor führt der Weg, der Kies knirscht unter den Rädern, dann sieht man sie in voller Pracht – die Villa Fayence. In einem kleinen Park mit mächtigen Bäumen liegt das herrschaftliche Gebäude. Früher beherbergte es die Direktion der Villeroy & Boch-Fayencerie, heute, und das heißt seit 1986, residiert hier Bernhard Michael Bettler. Der Inhaber und Küchenchef will zusammen mit seiner Frau Suzanne, die aus Amerika stammt, seinen Gästen eine „Villa voll schöner Überraschungen" bieten. Bettler pflegt in seinem freundlichen Wintergartenrestaurant oder auf der Terrasse die französische Feinschmeckerküche. Sechs Austern und ein Glas Champagner zum Start, Nudelvariation mit Trüffelsahne-Soße und frischen Sommertrüffeln, Zanderfilet mit Artischockenravioli oder Flugentenbrust mit Lavendel-Zitronensoße und als Abschluss – ganz klassisch – eine Crème Bruleé, so kann ein Essen bei Familie Bettler aussehen.

Verschiedene Menüs stehen zur Auswahl, mittags auch drei Gänge für den eiligen Gast. Die Weinauswahl ist noch besser, das heißt abwechslungsreicher geworden. Und auch der Service gibt sich viel Mühe. Ab und an veranstaltet Familie Bettler einen Jazz- oder einen Klassik-Abend und regelmäßig (an den freien Tagen) bietet der Meister Kochkurse an. Im Bistro „Cave Fayence" werden kleinere, rustikalere Gerichte serviert, zum Übernachten stehen drei Zimmer und eine Suite zur Verfügung, alle mit edlen Möbeln eingerichtet – stilvoll, elegant, klassisch.

Sauerkrautsuppe mit Boudinstrudel

*Für vier Personen: 240 g Sauerkraut,
1 gehackte Zwiebel, 40 g gewürfeltes
Dürrfleisch, 0,4 l Rinder- oder Geflügelbrühe, 0,2 l Sahne, Salz, Pfeffer,
Zucker, 1 EL Butterschmalz,
0,1 l Weißwein. Boudin: 200 g Boudin
(französische Blutwurst), feine Würfel
einer kleinen Zwiebel, ein halber EL Öl
oder Schmalz.*

So wird's gemacht: Sauerkraut
waschen und hacken. In einem Topf
Schmalz erhitzen, Dürrfleischwürfel
anbraten. Gehackte Zwiebel zugeben,
anschwitzen. Sauerkraut dazu, kurz
andünsten. Brühe, Sahne und Wein
angießen, 20 Minuten kochen. Suppe
durchmixen, durch ein Sieb in einen
Topf passieren, aufkochen. Eventuell
mit Kartoffelstärke abbinden. Mit
Salz, Pfeffer und einer Prise Zucker
abschmecken. Boudin enthäuten und
grob schneiden. Öl erhitzen und
Zwiebelwürfel anschwitzen. Boudin
dazugeben, auf mittlerer Hitze rühren, bis er sich aufgelöst hat. Abkühlen lassen. Einen Strudelteig herstellen und dünn ausrollen, Boudin-
masse längs auftragen. Bei 180 Grad
im Backofen zirka 20 Minuten
backen. Strudel in 2-3 cm dicke
Stücke schneiden und mit der Suppe
in tiefen Tellern anrichten.

Spanferkelkoteletts mit Zwiebel-Senf-Kruste auf Pils-Kümmelsoße

*Für vier Personen: 8 Spanferkel-
koteletts, 0,25 l Kalbsjus, 1 EL gehackte Kümmelkörner, 1 EL gehackte Schalotten, 0,1 l Bier, Salz, Pfeffer, Zucker,
Butter, Traubenkernöl; Kruste: 150 g
fein gewürfelte Zwiebeln, 100 g
Butter, 0,125 l Weißwein, 2 EL grober
Senf, 100 g geriebenes Weißbrot.*

So wird's gemacht: Butter in einer
Kasserolle aufschäumen lassen,
Zwiebelwürfel glasig dünsten. Weißwein dazugießen und unter Rühren
einkochen lassen, bis die Schalotten
weich sind. Geriebenes Weißbrot und
Senf unterrühren. Spanferkelkoteletts
würzen und in Traubenkernöl beidseitig braten. Auf eine Platte legen und
mit der Zwiebel-Senf-Kruste 1 cm
dick bestreichen. Koteletts mit etwas
geriebenem Weißbrot bestreuen, mit
zerlassener Butter beträufeln, unterm
Grill kurz bräunen. Soße: Schalotten
in einem Topf in Öl anschwitzen, mit
dem Pils ablöschen. Zirka ein Drittel
einkochen, Kalbsjus und Kümmel zugeben. Aufkochen lassen, mit Pfeffer
und einer Prise Zucker würzen. Ein
Stück kalte Butter zugeben.

Soufflierte Apfeltarte mit Merziger Viez-Eis

*Für vier bis sechs Personen: 6 Äpfel,
160 g Zucker, 60 g Butter, 4 cl Apfelbrand (Calvados), 0,1 l Apfelsaft; ein
Mürbeteig; Soufflémasse: 6 Eiweiß,
4 Eigelb, 100 g Zucker, 60 g gemahlene Nüsse.*

So wird's gemacht: Äpfel für die Tarte
schälen und entkernen, in Spalten
schneiden. Zucker in einer Pfanne karamellisieren lassen und Apfelspalten
einlegen. Mit Apfelbrand und Apfelsaft ablöschen und leicht dünsten
(nicht zu weich). Abkühlen lassen.
Einen Mürbeteig herstellen und ausrollen. Eigelb mit 40 g Zucker schaumig rühren, restlichen Zucker mit Eiweiß zu steifem Schnee schlagen, mit
den Nüssen unter die Eigelbmasse
heben. Zwei Tarteformen einfetten,
mit dem Mürbeteig auslegen.
Apfelspalten fächerförmig einlegen,
mit der Soufflémasse bedecken.
15 Minuten bei 200 Grad backen.
Anrichten: Tarte auf Teller geben, mit
Apfelspalten garnieren. Dazu passt
Eis aus Merziger Viez.

*Getränkeempfehlung
zum Hauptgericht:*
Ein Pils oder ein
Zwickel, ein kräftiger
Weiß- oder ein
fruchtiger Rotwein.

Restaurant Locanda Grappolo D'Oro

Besitzer: Domeniquo Stira
Mottenerstr. 94 · 66822 Lebach
Tel. (0 68 81) 33 39
Ruhetage: Montag, Samstagmittag

Ein Kochkünstler. Begnadeter Koch und beliebter Künstler. In seinem Hause kann man beides genießen: Seine raffinierten Kreationen aus der Küche, seine geschmackvollen Bilder an den Wänden. Er wirkt im Stillen, ist bescheiden geblieben, dabei darf er verdammt stolz sein. Domeniquo Stira und sein Restaurant Locanda Grappolo D'Oro gehören zu den feinsten Adressen im Saarland. Hier fühlen sich Feinschmecker aus vielen Teilen des Saarlandes wohl. „Mimo", wie ihn seine Freunde nennen, schlägt seit Jahren erfolgreich eine Brücke zwischen der klassischen französischen Feinschmeckerküche und der großen italienischen Kochkunst. Zum Beispiel seine Dorade rosé auf Pesto-Kartoffelsalat. Oder sein Limousin-Lammrücken mit Artischocken und Rosmarinkartoffeln. Und auch was in heimischen Landen wächst, kommt auf den Tisch: Rind und Kalb aus Merzig oder, kunstvoll angerichtet: Rosette von Erdbeeren auf Rhabarberschaum mit Vanille-Eis. Und zu allem findet man auf der Weinkarte stets einen feinen Tropfen aus „Bella Italia".

Zusammen mit seiner Frau Xenia, die sich sehr aufmerksam um den Service kümmert, führt Signore Stira seine freundlich-helle Locanda mit dem Restaurant und dem Wintergarten, der liebevollen Dekoration, den schönen Pflanzen sowie den Aquarellen und Ölbildern. Ein Haus der Künste, zum Wohlfühlen und Genießen auf höchstem Niveau.

Gedämpfter Zander auf Lauch-Agnellotti

Für vier Personen: 4 Zanderfilets mit Haut à 90 g, Salz, Pfeffer, Zitrone; Nudeln: 200 g Hartweizenmehl, 2 Eier, Olivenöl, Salz, 120 g Lauchpaste. Vinaigrette: 100 ml Fischfond, 50 ml Weißwein, 4 cl Martini trocken, Saft einer halben Zitrone, Salz, Pfeffer, 200 g kaltgepresstes Olivenöl, 1 Knoblauchzehe, 10 schwarze Oliven ohne Stein, 6 kleine Tomaten, Estragonblätter.

So wird's gemacht: Agnellotti: Aus Mehl, Eiern, etwas Salz und 2 cl Olivenöl einen elastischen Teig kneten, kurz ruhen lassen. Teig dünn ausrollen, in Abständen von 5 cm mit einem Teelöffel Lauchfüllung (feingehackter, gedünsteter Lauch mit einem Klacks Sahne) auf den Teig geben und zu viereckigen Nudeln formen. In kochendem Salzwasser fünf Minuten garen. Vinaigrette: Fischfond mit Weißwein aufkochen, um zwei Drittel einkochen. Martini und Zitronensaft zugeben, salzen und pfeffern. Flüssigkeit durch ein feines Sieb zu

dem Olivenöl mit der Knoblauchzehe gießen. Kurz aufkochen, Knoblauchzehe herausnehmen. In feine Stifte geschnittene Oliven, Tomaten und die Estragonblätter in die Vinaigrette geben. Zanderfilets mit Salz, Pfeffer und Zitronensaft würzen, im Dampf etwa 6-7 Minuten garen, mit den Agnellotti und der warmen Vinaigrette anrichten.

Gebratene Taube mit grünem Spargelrisotto und Trüffeljus

Für vier Personen: 2 bratfertige Tauben à 500 g, Salz, Pfeffer, Öl zum Braten; Brühe: Karkassen und Abschnitte der Taube, Schmorgemüse, Kräuter, 0,5 l Rotwein, 0,5 l Wasser. Trüffeljus: 5 cl Portwein, 25 g schwarze Trüffel, 30 g Butter, 5 cl Taubenfond; Risotto: 240 g Arborio-Reis, Olivenöl, 5 cl Weißwein, 2 gehackte Schalotten und 1 Knoblauchzehe, 8 grüne Spargel, 2 EL Sahne, 50 g Butter, 2 EL Parmesankäse.

So wird's gemacht: Brüste und Schenkel der Taube salzen, pfeffern und in wenig Öl braten. Aus angegebenen Zutaten eine Brühe kochen, um zwei Drittel reduzieren und durch ein feines Sieb passieren. Taubenfond mit Portwein aufkochen, Trüffel in Scheiben schneiden, mit der Butter in der Soße warm schwenken, abschmecken. Risotto: Schalotten und Knoblauchzehe in Öl anschwitzen, Reis und in kleine Stücke geschnittenen Spargel anrösten. Mit Weißwein ablöschen, Taubenbrühe unter Rühren nach und nach dazugießen. Nach zehn Minuten Sahne, Butter, Salz und Pfeffer und den Parmesan zufügen, umrühren. Gebratene Taubenteile mit Spargelrisotto und Trüffeljus anrichten.

Schokoladen-Parfait mit Orangenfilets und Orangencrispis

Für vier Personen: 2 Eigelb, 2 Eiweiß, 50 g Bitterschokolade (55 Prozent Kakao), 50 ml Schokoladensoße zum Dekorieren, 50 g Zucker, 200 g geschlagene Sahne; Orangenfilets: 2 Orangen, 2 cl Grand Marnier, 5 cl Orangensaft, 30 g Zucker; Crispis: 15 g Butter, 60 g Zucker. 2 EL Mehl, 2 EL Orangensaft.

So wird's gemacht: Schokolade im Wasserbad schmelzen. Eigelb mit Zucker schlagen, Eiweiß zu Schnee schlagen. Geschmolzene Schokolade zu Eigelbmasse geben, Eiweiß und geschlagene Sahne unterheben. Masse in Förmchen füllen, einfrieren. Orangen filetieren; Orangensaft, Zucker, Grand Marnier fünf Minuten erwärmen. Crispis: Butter schmelzen, Zucker, Orangensaft und Mehl dazugeben, gut vermischen und auf Backpapier beliebige Formen aufstreichen und bei 175 Grad backen. Parfait auf Teller stürzen und mit Orangenfilets, -crispis und Schoko-Soße garnieren.

Getränkeempfehlung zum Hauptgericht: Ein fruchtig-eleganter Rotwein (Barbera aus Piemont, Toskana, Spätburgunder).

Margret's Bauernstube

Besitzer: Margret Lafontaine und Irmtraud Michely
Litermont 22 · 66701 Düppenweiler
Tel. (0 68 32) 80 08 04 · www.margretsbauernstube.de
Ruhetage: Montag und Dienstag

Alles Orange. Das Haus, die Tischdecken, die Speisekarten. Überall Margeriten, „Margretchen", wie der Saarländer sagt. Und im Sommer blühen die Rosen. Drinnen oder draußen – einfach gemütlich. Oben auf dem Berg, weitab vom Straßenverkehr, hört man nur die Vögel zwitschern. Und kann eine gehobene Küche und eine sehr schöne Weinauswahl genießen. Margret's Bauernstube auf dem Litermont heißt diese Adresse, die seit ein paar Jahren die saarländische Gastronomieszene bereichert. Margret Lafontaine und Irmtraud Michely sind die Gastgeber in dem Restaurant zwischen Nalbach und Düppenweiler. Den Eingang zieren zwei große Margeriten-Stöcke. Auf der ersten Seite der Speisekarte wird die Legende vom wilden Ritter Maldix und seiner Mutter, der Gräfin Margarethe, erzählt.

Das Angebot in den gemütlich-familiären Räumen (mit jeder Menge Kunst an den Wänden) oder auf der großen Terrasse reicht von saarländischen Spezialitäten wie „Verheirate" (Mehlknödel und Kartoffeln) über mediterrane Gerichte wie Couscous-Salat mit gebratenem Lamm (für Vegetarier statt Lamm geschmorte Zucchini) bis zu eher klassisch französischer Küche wie Variation von Zander und frischer Gänseleber an Noilly Prat-Soße. Oder darf es zum Auftakt eine Suppe aus Rosa Linsen mit Pernod und Flusskrebsen, dann vielleicht Seewolf mit Meerrettichkruste auf Schmorgurken und zum süßen Abschluss eine Kaffee-Kokoscrème mit Früchten sein? Fleischgerichte gibt's von Schweinefilet und Rumpsteak über Lammrücken und Tournedos „Rossini" bis zu Perlhuhnbrust oder Ente mit Lavendelhonigsoße.

In der Umgebung kann man schön spazieren, auf dem neuen Waldskulpturenweg und zum Gipfelkreuz (herrliche Aussicht). Und neben dem Restaurant entsteht ein kleiner Skulpturengarten mit Werken der Bildhauerin Margret Lafontaine und befreundeter Künstler.

Hauptgerichte: 13,50 bis 23,50 Euro · Menü: auf Anfrage.

Fischsuppe

*Für vier Personen: Fond: Fisch-
karkassen, etwas Lauch, Sellerie,
Karotten, Weißwein, Salz und Pfeffer.
Gemüse: Etwas Fenchel, Paprika,
Zwiebeln, Trockentomaten. Einlage:
Filet vom Zander, Flusskrebse,
Garnelen, Muscheln (nach Geschmack
und Angebot), 2 EL Olivenöl, etwas
Pernod, Chili, Safran, Knoblauch,
1 l Fischfond.*

So wird's gemacht: Aus Karkassen,
Lauch, Sellerie, Karotten, Weißwein
und Gewürzen einen Fond kochen.
Gemüse in Olivenöl anschwitzen und
eventuell flambieren. Mit Pernod,
Chili, Safran, Knoblauch würzen und
mit Fischfond aufgießen. Fischstücke,
Krebse, Garnelen und Muscheln kurz
erwärmen, dann die Suppe sofort servieren. Dazu wird eine Rouille
(Knoblauchmayonnaise) gereicht,
frisch geriebener Parmesan und
geröstete Weißbrotscheiben.

Kaninchen nach Art der Großmutter

*Für vier Personen: 1 Kaninchen, Salz
Pfeffer, Paprika, 2 EL Butterschmalz,
2 Zwiebeln, 2 Karotten, ein Stück
Sellerie, 0,25 l Weißwein, Thymian,
Rosmarin, 2 Zehen Knoblauch,
0,5 l Fleischbrühe.*

So wird's gemacht: Kaninchen zerle-
gen, würzen, in Butterschmalz anbraten, Schmorgemüse mit anschwitzen,
mit Weißwein ablöschen. Frischen
Thymian, Rosmarin sowie gehackten
Knoblauch dazugeben. Mit Fleischbrühe auffüllen und eine halbe
Stunde im Ofen bei 250 Grad schmoren lassen. Dazu passen Butternudeln
und frisches Gemüse der Saison.

Erdbeermousse

*Für vier Personen: 1 Ei, 4 Eigelb,
180 g Zucker, 500 g Erdbeeren,
2 EL Zucker, 0,25 l Weißwein,
1 l Sahne, 2 Blatt Gelatine, frische
Erdbeeren und Minze zum Dekorieren.*

So wird's gemacht: Ei und Eigelb mit
Zucker auf dem Wasserbad cremig
(„bis zur Rose") aufschlagen, danach
auf Eis kalt schlagen. Erdbeeren mit
Zucker und Weißwein aufkochen und
passieren. Abgekühlt unter die Ei-
Masse geben. Geschlagene Sahne
sowie gelöste Gelatine unterheben.
In eine Glasschüssel abfüllen und
kaltstellen. Mit frischen Erdbeeren
und Minze servieren.

Getränkeempfehlung
zum Hauptgericht:
Ein fruchtiger Rot-
wein (Spätburgun-
der) oder ein kräfti-
ger Weißwein (Char-
donnay oder Grau-
burgunder).

Itzbacher Wirtshaus

Besitzer: Harald und Sabine Schmitt
Dechant-Held-Str. 2 · 66780 Rehlingen-Siersburg
Tel. (0 68 35) 28 15
Ruhetag: Samstag

Ein originelles Haus mit Flair, ein kleiner sympathischer Familienbetrieb. Das Itzbacher Wirtshaus in Rehlingen-Siersburg ist ein gastronomisches Kleinod im Saarland. Seit über 120 Jahren dient das Anwesen in der Dechant-Held-Straße gegenüber der Pfarrkirche St. Martin als Gaststätte. Die alte Holzvertäfelung und die Fotos legen davon Zeugnis ab. Schöne Dekoration sowie Kerzen und kleine Deckchen auf den Holztischen sorgen für eine heimelige Atmosphäre. Im Restaurant finden

36 Gäste Platz, im Nebenraum 25-30, außerdem steht im oberen Teil des Gebäudes ein Saal für bis zu 100 Personen zur Verfügung. Harald und Sabine Schmitt übernahmen 1997 als Eigentümer und Betreiber das gemütlich-rustikale Wirtshaus.

Der gebürtige Rehlinger (Jahrgang 1964) hat Koch und Kellner gelernt. Seine Frau Sabine ist ebenfalls eine gelernte Köchin, sie betreut aber den Service. Und Sohn Patrick hilft wenn er kann am Buffet – ein sympathischer Familienbetrieb. Die Karte ist erfreulich klein, „wir machen alles frisch, orientieren uns an der Saison", erklärt Harald Schmitt. Kürbiscrèmesuppe, Mausohrsalat mit Speck und Ei, Schmorbraten aus der Rehkeule oder pochierte Feigen in Rotwein, bei solch einem Angebot bekommt man Appetit. Aus der Region kommt die Kaninchenkeule, die Schmitt in Weißweinsoße butterzart schmort. Davor gibt es ein püriertes Karottensüppchen, danach leckere Beeren.

Karottencrèmesuppe mit Crôutons

*Für vier Personen: 2-3 EL Olivenöl,
4 dicke grob gewürfelte Karotten,
1 kleingewürfelte Zwiebel, 4 klein gehackte Knoblauchzehen, 2 geschälte
und grob gewürfelte Kartoffeln, 0,75 l
Gemüsebrühe, 0,25 l Sahne, 1 Bund
Petersilie oder Kerbel, Salz, Pfeffer,
Muskat, 2 Scheiben Weißbrot.*

So wird's gemacht: Olivenöl in einer
Kasserolle erhitzen, Karotten,
Zwiebeln, Kartoffeln und Knoblauch
anschwitzen, nicht bräunen lassen.
Mit Gemüsebrühe ablöschen, mit Salz,
Pfeffer und Muskat würzen. Deckel
drauf und weich kochen. Das Ganze
mit dem Stabmixer pürieren, noch
mal aufkochen. Sahne unterziehen. In
tiefen Tellern servieren, gewürfelte
und im Backofen geröstete Weißbrot-
Crôutons obendrauf geben und mit
gehackten Kräutern garnieren.

Kaninchenkeulen in Weißweinsoße auf mediterrane Art

*Für vier Personen: 4 Kaninchenkeulen,
4-5 EL Olivenöl, Salz, Pfeffer, 4 Schalotten, 8 Knoblauchzehen, 2 EL Mehl,
0,25 l trockener Weißwein,
0,5 l Fleischbrühe, 1 EL Tomatenmark,
150 g Dürrfleisch, Perlzwiebeln,
1 Bund Petersilie, 1 Zweig Rosmarin,
etwas Thymian, Lorbeerblätter, Nelken
und Wacholderbeeren.*

So wird's gemacht: Kaninchenkeulen
im Gelenk teilen, in einem Bräter in
Öl anbraten, herausnehmen.
Gewürfelte Schalotten in den Bräter
geben, anschwitzen, Knoblauch dazu
und mitbraten. Tomatenmark beigeben, Mehl dazu und eine Mehlschwitze herstellen. Mit Wein ablöschen, gut verrühren, Fleischbrühe
und Gewürze dazu und aufkochen lassen. Fleischteile in die Soße geben,
zudecken, zirka eine Stunde bei 180
Grad schmoren. Mit gebratenem Dürrfleisch, Perlzwiebeln und gehackter
Petersilie schön anrichten.

Himbeeren in Weingelee

*Für vier Personen: 160 g Himbeeren,
2 EL Weinbrand, 200 ml Weißwein,
1 EL gemahlene Gelatine, halber EL
frisch gepresster Orangensaft,
30 g Zucker, 160 ml Portwein.*

So wird's gemacht: Himbeeren auf
vier Tassen verteilen und mit dem
Weinbrand übergießen. Weißwein,
Orangensaft und Zucker aufkochen.
Leicht abkühlen lassen. Gelatine und
Portwein zugeben. In die Tassen mit
den Himbeeren verteilen. In den
Kühlschrank stellen. Das fest gewor-
dene Himbeergelee aus den Tassen
auf Dessertteller stürzen. Dazu passt
sehr gut Vanillesoße

**Getränkeempfehlung
zum Hauptgericht:**
Ein kräftiger Weiß-
wein (Grauburgunder,
Chardonnay) oder ein
fruchtiger, leichter
Rotwein (Spätbur-
gunder von der Ober-
mosel).

Restaurant Niedmühle

Besitzer: Tamara und Stefan Burbach
Niedtalstr 13-14 · 66780 Rehlingen-Siersburg, Ortsteil Eimersdorf,
Tel. (0 68 35) 6 74 50 · Ruhetage: Montag, Dienstagabend, Samstagmittag
www.restaurant-niedmuehle.de

Von der Campingklause zum Feinschmecker-Restaurant. Tamara und Stefan Burbach dürfen stolz sein. Seit 15 Jahren führen sie das Restaurant Niedmühle in Rehlingen-Siersburg – und sie haben ein Schmuckstück aus dem stolzen Anwesen gemacht, das in vierter Generation in Familienbesitz ist. Nach und nach wurde das Haus erweitert und renoviert, präsentiert sich heute mit gemütlichem Restaurant (35 Plätze) und freundlichem Wintergarten (25 Plätze) sowie einer Terrasse mit schönem Blick zur Nied. Alles ist liebevoll dekoriert, der Service unter der Leitung von Tamara Burbach kompetent und freundlich. „Wir machen alles frisch, vom Brot bis zu den Pralinen", erklärt Küchenchef Stefan Burbach einen wichtigen Teil seines Erfolgsrezeptes. Hinzu kommen neben viel Fleiß und einem engagierten Team ein kräftiger Schuss Kreativität und Liebe zur Sache.

Besonders gerne kreiert der gebürtige Eimersdorfer (Jahrgang 1960) Gerichte mit Schalen- und Krustentieren. Zum Beispiel gebratene Riesengarnelen mit sautierten Sojasprossen als Vorspeise oder Steinbuttfilet in Spinat-Parmesankruste auf Limonensoße als Hauptgericht. Bei den Fleischgerichten sind edle Produkte aus Frankreich ebenso zu finden wie solche aus der Region: Wachtelbrüstchen aus der Bresse gefüllt mit Gänsestopfleber oder Kalbsroulade gefüllt mit Landschinken – siehe Rezepte. Nach und nach erweitert wird auch die Weinkarte, vor allem mit deutschen Gewächsen. Die Auswahl ist sehr gut, die Preise kundenfreundlich kalkuliert, da macht das Aussuchen Spaß.

Lasagne von Lachs und Zander mit jungem Spinat auf Safranschaum

Für vier Personen: 300 g schottisches Lachsfilet, 300 g Flusszanderfilet, 400 g Spinat, 8 Lasagneblätter, Salz und Pfeffer aus der Mühle; 100 ml Fischfond, 2 cl Noilly Prat (Kräutervermouth), 1 TL Ricard, 1 TL Limonensaft, frischer Rosmarin und Thymian, 100 ml Sahne, 1 EL Mehl, 20 g Butter, Prise Muskat, 1 g Safran.

So wird's gemacht: Lasagneblätter 5 Minuten kochen. Lachs und Zander in dünne Scheiben schneiden, salzen, pfeffern und schichtweise Lachs, Zander und Lasagneblätter aufeinander legen, damit 4 Portionen entstehen. Alles in eine gebutterte Auflaufform geben und mit 50 ml Sahne auffüllen. Im Backofen bei 120 Grad 10 Minuten garen. Für die Soße Butter im Topf zerlassen, mit Mehl bestäuben und mit dem kalten Fischfond, dem Ricard, Noilly Prat und dem Limonensaft übergießen. Aufkochen,

Hauptgerichte: 21,50 bis 26,50 Euro · Menü: 42,50 und 58 Euro.

etwas Sahne, Salz, Pfeffer, Muskat und Safran zugeben und verrühren. Spinat in ein wenig Fischfond eine Minute pochieren, absieben und auf vorgeheizten Tellern anrichten. Die Lasagne auf dem Blattspinat platzieren und etwas aufgeschäumte Soße um die Lasagne geben. Mit Thymian und Rosmarin garnieren.

Kalbsroulade gefüllt mit Landschinken und Mangold auf Balsamlinsen

Für vier Personen: 4 Kalbsschnitzel aus der Hüfte (beim Metzger bestellen), 50 g Zwiebeln, 40 g Möhren, 40 g Sellerie, Salz und Pfeffer aus der Mühle; 4 El Olivenöl, 1 TL Tomatenmark, etwa 400 ml Kalbsfond. Füllung: 1 großer Mangold, 8 Scheiben italienischer Landschinken, 200 g Linsen, 4 El Balsamessig, 1 Zwiebel.

So wird's gemacht: Linsen 2 Stunden in Wasser weichen, absieben. Butter in eine Pfanne geben, Zwiebeln anschwitzen, Linsen dazugeben. Mit Kalbsfond, Salz, Pfeffer und eine Prise Zucker 10 Minuten köcheln lassen. Balsamessig zugeben.

Kalbsschnitzel einzeln zwischen Klarsichtfolie legen, klopfen und pfeffern. Mangold ganz kurz in kochendem Salzwasser blanchieren, abtrocknen. Mangoldblätter mit dem Schinken auf die Rouladen legen, einrollen, mit Küchengarn binden. Rouladen in Olivenöl von allen Seiten anbraten, Zwiebeln, Möhren und Sellerie gewürfelt hinzugeben. 1 TL Tomatenmark hinzugeben, mit Kalbsfond ablöschen. Kalbsrouladen mit Fond im Backofen (170 Grad) 20 Minuten weitergaren. Soße absieben, mit Salz und Pfeffer abschmecken. Bei Bedarf abbinden. Küchengarn entfernen, Roulade fächerförmig aufschneiden, auf den Balsamlinsen anrichten. Als Beilage passen gebratene Kartoffeln.

Fondant au Chocolat mit Calvados-Apfel und Honig-Eis

Für vier Personen: Fondant: 100 g Zartbitterschokolade, 100 g Butter, 2 Eier, 2 Eigelb, 125 g brauner Zucker, 30 g Mehl, 30 g gemahlene Mandeln. Calvados-Apfel: 4 Äpfel, 40 g Zucker, 50 g Butter, Saft von 1 Zitrone, 2 cl Calvados.

So wird's gemacht: Fondant: Zartbitterschokolade und Butter auf einem Wasserbad schmelzen. Eier und Eigelb mit dem Zucker schaumig rühren. Die Schokoladen-Buttermischung dazugeben, verrühren und zum Schluss Mehl und Mandeln unterheben. Die Masse in Timbalformen (zirka 5 cm Durchmesser) füllen und bei 200 Grad Heißluft backen. Äpfel in 1 cm große Würfel schneiden. Butter und Zucker in der Pfanne erhitzen bis der Zucker anfängt zu karamellisieren. Mit Calvados und Zitronensaft ablöschen. Die Äpfel hinzugeben, ganz kurz aufkochen lassen und vom Herd nehmen. Zusammen schön anrichten. Dazu passt Honig-Eis.

Getränkeempfehlung zum Hauptgericht: Ein fruchtig-eleganter Rotwein (Spätburgunder) oder ein kräftiger Weißwein (Grauburgunder, Chardonnay).

Kreis Merzig-Wadern

Cloef und Saarschleife, Viez und Wein, Kurort und Keramik, Wassersport und Eisenbahnmuseum: Der Kreis Merzig-Wadern ist ein kleines Paradies für Touristen.

Im Mettlacher Ortsteil Orscholz liegt der berühmteste Aussichtspunkt des Saarlandes: Von der Cloef blickt man auf die Saar, die hier eine beeindruckende Schleife zieht.

In Mettlach hat eine Firma mit
Weltruf ihren Sitz: Villeroy & Boch.
Das Erlebniszentrum V&B in der
Alten Abtei ist einen Besuch wert.

In Merzig gibt es mit dem Wolfspark und dem Expeditionsmuseum ein europaweit einmaliges Projekt, Wolfs-forscher Werner Freund betreut hier in großen Gehegen rund 20 Wölfe. Jeden ersten Sonntag im Monat um 16 Uhr gibt es kostenlose Führungen, Tel. (0 68 61) 7 21 20.

Mit dem Zeltpalast steht ein origineller Veranstaltungsort zur Verfügung. Jedes Jahr im Frühjahr und Sommer finden hier anspruchsvolle Kulturveranstaltungen von „Musik & Theater Saar" (Leiter: Joachim Arnold) statt, www.musik-theater.de.

Im Naturschutzgebiet am Nackberg
wachsen seltene Orchideen.

In Losheim am See findet man den mit rund 30 Hektar zweitgrößten Stausee des Landes mit Strandbad, vielfältigen Wassersport-Möglichkeiten und Campingplatz.

Sehenswert ist auch das Eisenbahnmuseum nebst der großen Eisenbahnhalle, die einen schönen Rahmen für Kulturveranstaltungen bietet

Einen Besuch lohnt auch das Schloss Dagstuhl bei Wadern mit seinem schönen Garten.

Im Landkreis Merzig, oben im Dreiländereck (Saarland/Frankreich/
Luxemburg), liegt die Gemeinde Perl
mit ihren 14 Ortsteilen.

Perl beherbergt die Römische Villa
Borg mit der Römischen Taverne.
Sehenswert ist auch das Römische
Mosaik im Ortsteil Nennig. Perl ist
die einzige Weinbaugemeinde im
Saarland – mehr darüber im Kapitel
über die saarländischen Winzer.

Ebenfalls im Dreiländereck ange-
siedelt ist das Projekt „Gärten ohne
Grenzen": In den drei Ländern
kann man 13 verschiedene Gärten
besichtigen.

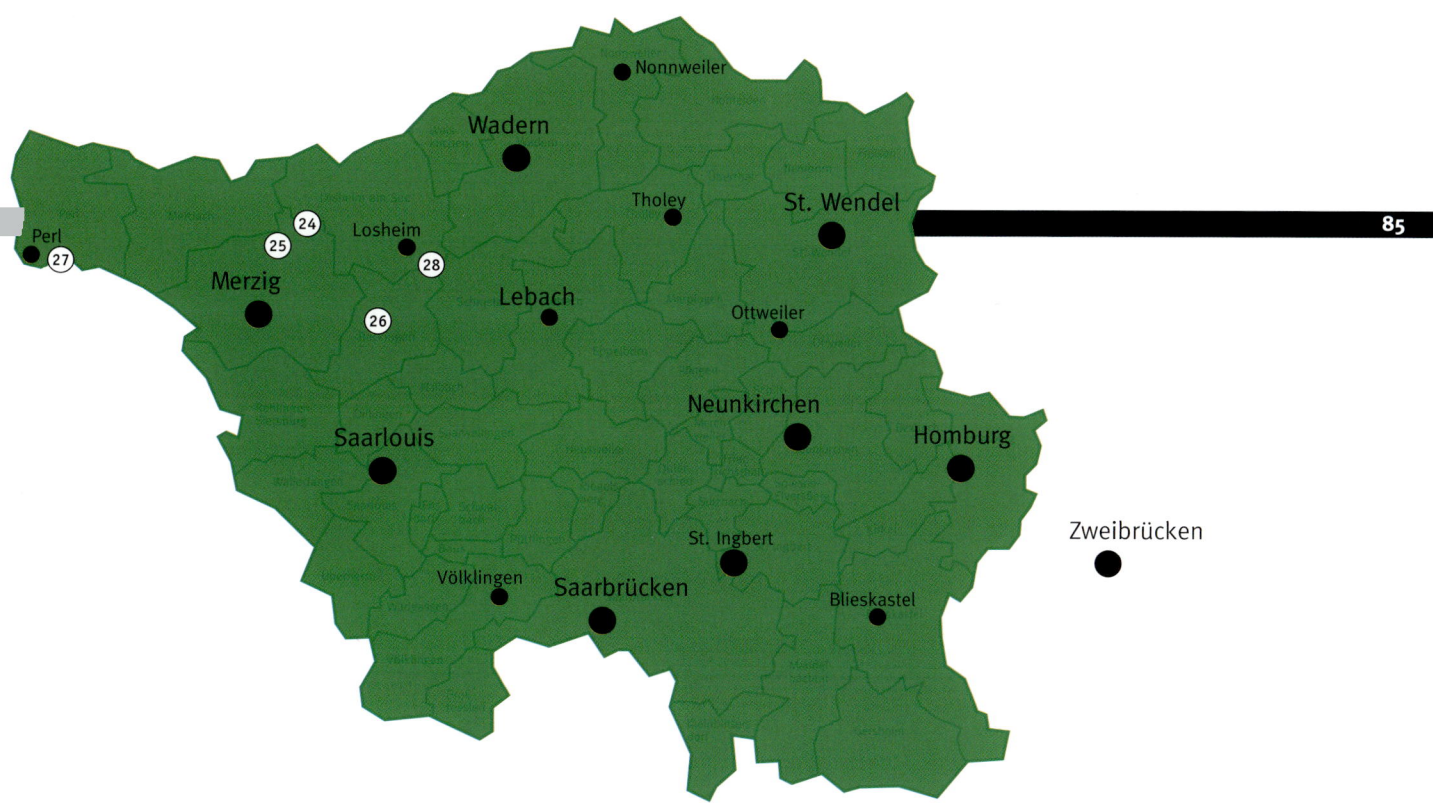

Restaurants:

24 Landidyll-Hotel Zur Saarschleife | 86
25 Restaurant Cloef-Atrium | 88
26 Ratsstube Blasius | 90
27 Restaurant Moselbrück | 92
28 Schumachers Scheune | 94

Ebenfalls zu empfehlen:

Merll-Rief und Roemer (beide Merzig),
Flair Parkhotel und La Provence
in Weiskirchen.

Landidyll Hotel Zur Saarschleife

Besitzer: Familie Buchna
Cloefstr. 44, 66693 Mettlach-Orscholz,
Tel. (0 68 65) 17 90 · www.hotel-saarschleife.de
1.11.-31.3.: Ruhetag Montag,
Hauptsaison: Kein Ruhetag

Küchenchef
Michael Buchna

Lebensfreude auf dem Land – das bieten Michael und Sabine Buchna in ihrem Landidyll Hotel Zur Saarschleife in Mettlach-Orscholz. Unweit der Cloef kann man in 40 Doppelzimmern, sechs Einzelzimmern, zwei Suiten und zwei Ferienhäusern (insgesamt 98 Betten) übernachten und die einfallsreiche Küche von Michael Buchna und seinem Team genießen. Regionale Gerichte sind eine der Stärken in dem schmucken Haus, das sich auch für Seminare, Tagungen und Gesellschaften anbietet. Zwei Generationen der Familie sowie über 30 Mitarbeiter kümmern sich um das Wohl der Gäste.

Zwischen Saar und Mosel, im Dreiländereck Saarland, Frankreich und Luxemburg kann man es sich gut gehen lassen und hat jede Menge Möglichkeiten für Ausflüge und Besichtigungen. Zur Cloef, dem Aussichtspunkt auf die Saarschleife, sind es nur zehn Minuten zu Fuß. Wer angenehme ländliche Atmosphäre mag, ist hier richtig. In der Sankt Nikolausstube mit ihren gemütlichen Ecken, in der Montclair-Stube mit lothringischem Ambiente, im einladenden Kaminzimmer sowie im großzügigen Katharinensaal werden regionale Gerichte und Feinschmecker-Menüs serviert. Michael Buchna und seine Brigade setzen ganz auf saisonale und frische Gerichte. Dazu werden Weine von Mosel und Saar sowie ausgewählte internationale Gewächse angeboten – und das alles zu günstigen Preisen. Gastlichkeit beim Saarwirt heißt die Devise.

Ziegenkäse-Variation:

Gebackene Ziegenkäse-Bällchen mit Löwenzahn-Salat

Für vier Personen: 160 g Ziegenfrischkäse, Speck nach Bedarf, etwas Butterschmalz, Honigsoße (Honig mit Senf und etwas weißem Weinessig verfeinert), Löwenzahn.

So wird's gemacht: Käse zu kleinen Bällchen (40g Stück) rollen. Käsebällchen mit dünnen Speckscheiben einwickeln. Einen Zahnstocher durch das Käse-Speckbällchen stecken. Scharf in Butterschmalz anbraten und im vorgeheizten Ofen zirka 10 Minuten bei 150 Grad ziehen lassen. Mit warmer Honigsoße übergießen und mit Löwenzahnsalat anrichten.

Hauptgerichte: 15 bis 22 Euro · Menü: 26 bis 39 Euro.

Ziegenkäse mit Tomaten-Thymian-Salsa

Für vier Personen: 1 Rolle Ziegenfrischkäse, 4 getrocknete, eingelegte Tomaten, 200 g Tomatenfleischwürfel ohne Haut und Kerne, 20 g frische, gehackte Thymianblätter, 30 g gehackte schwarze Oliven, 50 ml Olivenöl.

So wird's gemacht: Tomatenwürfel in Olivenöl anschwitzen, Kräuter und Oliven hinzugeben. Von der Ziegenfrischkäse-Rolle 4 Scheiben von zirka 3,5 cm schneiden, Käsescheiben auf getrocknete Tomaten legen und mit der Tomaten-Thymian-Salsa belegen. Im vorgeheizten Backofen bei 170 Grad zirka 5-8 Minuten backen.

Stubenküken mit Jakobsmuscheln

Für vier Personen: 4 ausgelöste Stubenküken, 8 Jakobsmuscheln, Salz und Pfeffer aus der Mühle, Rapsöl zum Braten. Soße: 400 g gewürfelte Zwiebeln, Sellerie, Karotten und Weißes vom Lauch, 50 g Butterschmalz, 10 g Thymian, jeweils 6 Lorbeerblätter, Wacholderbeeren und Pfefferkörner, 0,2 l Spätburgunder Rotwein, 0,2 l Geflügelfond.

So wird's gemacht: Keulchen und Brüstchen der Stubenküken salzen, pfeffern und auslösen, im Ofen bei 190 Grad zirka 12 Minuten backen. Stubenküken-Knochen mit Wurzelgemüse für eine kräftige Soße ansetzen und den entstehenden Bratfond mit Spätburgunder-Dornfelder und Geflügelfond aufgießen. Frischen Thymian und Soßengewürze hinzugeben und den Soßenfond um die Hälfte einreduzieren lassen. Fond abpassieren, nochmals aufkochen und eventuell abbinden. Jakobsmuscheln mit Zitronensaft und Pfeffer aus der Mühle marinieren. Scharf in Rapsöl anbraten und bei mittlerer Hitze ziehen lassen. Stubenküken und Muscheln schön anrichten und mit der Soße übergießen. Dazu passt Reis oder Risotto.

Sauerapfel in Viez und Grenadine

Für vier Personen: 4 säuerliche Äpfel, 0,4 l feiner herber Viez, 0,1 l Grenadine-Sirup, 2 Zimtstangen, 1 EL feine Scheiben einer Orangenschale (Zesten), 50 g Kandis.

So wird's gemacht: Äpfel waschen, in vier dicke Spalten schneiden. In einem Topf mit Viez und Grenadine bedecken, Kandis, Orangenschale und Zimtstangen dazugeben. Die Apfelspalten bei mittlerer Hitze weich kochen. Herausnehmen, den Fond bis zu zwei Drittel einreduzieren. Apfelscheiben auf einen Teller geben und mit der einreduzierten Grenadine-Viez-Soße begießen. Dazu passt Schokoladen-Parfait.

Getränkeempfehlung zum Hauptgericht: Ein fruchtiger Rotwein (Spätburgunder).

Restaurant Cloef-Atrium

Besitzer: Thomas Schmidt
An der Cloef · 66693 Mettlach-Orscholz
Tel. (0 68 65) 9 11 52 00
Ruhetage: Montag, Dienstag

Das Saarland ist um eine architektonisch originelle und vom gastronomischen Potential her vielversprechende Adresse reicher: Das Cloef-Atrium in Orscholz. Der große, kühn geschwungene Bau der Gemeinde besteht aus Stahl, Holz und viel Glas. Er beherbergt ein großes Besucherzentrum mit einem Saal, Ausstellungs- und Seminar-Räumen, einem Info-Shop sowie den Gastronomiebereich. Hauptattraktion ist das hohe, weite und lichtdurchflutete Restaurant „Cloef-Atrium" mit 140 Sitzplätzen plus einer überdachten Terrasse mit 40 Plätzen. Daneben werden im Bistro „Le Cube" (60 Sitzplätze), ebenfalls mit großer Terrasse, kleinere Gerichte sowie Kaffee und Kuchen serviert.

Pächter Thomas Schmidt und sein Team bieten im Restaurant gehobene Küche und eine sehr gute Weinauswahl an. Hier sitzt man sehr schön, quasi mitten in der Natur. Als Vorspeise kann man sich ein Pfifferlingstörtchen an buntem Salat oder eine Karotten-Ingwer-Suppe schmecken lassen, als Hauptgericht lockt zum Beispiel Poulardenbrust auf Sauce Provençal oder Viktoriabarsch in Kapernsoße mit Zucchini-Paprika-Gemüse. Und als Dessert gibt es einen Klassiker: Mousse von heller und dunkler Schokolade. Die Zutaten sind frisch, das Essen ist sorgfältig zubereitet, die Preise sind günstig. Und Thomas Schmidt ist ein sehr charmanter und umsichtiger Gastgeber.

Hauptgerichte: 9 bis 19 Euros · Menüs: 19 und 26 Euro.

Karotten-Ingwer-Suppe mit Pistazien-Klößchen

Für vier Personen: 500 g Karotten, 1 kleine Ingwerwurzel, 1-2 EL Butter, 1 kleine Zwiebel, Salz, Pfeffer, etwas Sahne, 1 l Fleischbrühe; Pistazien-Klößchen: 100 g Fleischkäsbrät, 2 EL gehackte Pistazien, Salz, Pfeffer.

So wird's gemacht: Zwiebeln, Karotten und die Ingwerwurzel schälen. Die Butter in einem Topf zerlassen, Zwiebeln, Karotten und Ingwer darin andünsten und mit der Fleischbrühe auffüllen. Wenn alle Zutaten gar sind, Suppe pürieren, mit Salz, Pfeffer und etwas Sahne abschmecken. Pistazien-Klößchen: Brät und Pistazien in einer Schüssel mischen und mit einem kleinen Löffel Klößchen abstechen. Diese in Salzwasser kochen. Suppe in Tellern anrichten, Klößchen reinsetzen, einige Tropfen Rucola-Öl (100 g Rucola und 125 ml Olivenöl im Mixer pürieren) über die Suppe geben.

Schweinefilet gefüllt mit Backpflaumen auf Cognacrahmsoße

Für vier Personen: 800 g Schweine- filet, 200 g Backpflaumen, Salz, Pfeffer; Soße: 0,5 l braune Soße, 0,2 l Sahne, 6 cl Cognac, Salz, Pfeffer.

So wird's gemacht: Mit dem Stil eines Kochlöffels die Filets durchstechen und mit Backpflaumen füllen. Filets mit Salz und Pfeffer würzen und in einer Pfanne kurz beidseitig anbraten. Danach im vorgeheizten Backofen bei 180 Grad fertig garen (zirka zehn Minuten). Cognacrahmsoße: Zutaten zusammen aufkochen und abschmecken. Dazu passen Herzoginkartoffeln und Brokkoli mit Mandelbutter.

Schokoladen-Törtchen mit Obst

Für vier Personen: 150 g Kuvertüre, 150 g Butter, 3 Eier, 3 Eigelb, 80 g Zucker, 30 g Mehl.

So wird's gemacht: Eier und Zucker verrühren, Kuvertüre und Butter auf dem Wasserbad schmelzen. Ei-Masse und Kuvertüre vermengen und das Mehl unterrühren. Kleine Formen ausbuttern und zuckern, fertige Masse einfüllen und bei 180 Grad zirka 15 Minuten im Backofen backen. Schokoladen-Törtchen auf einen Teller stürzen, mit Puderzucker bestäuben und frisches Obst nach Saison dazu reichen. Sehr gut passen filetierte Orangen, aber auch Erdbeeren oder Himbeeren.

Getränkeempfehlung zum Hauptgericht: Ein eleganter fruchtiger Rotwein (Spätburgunder, Chianti Classico, Rioja oder Bordeaux) oder ein körperreicher, kräftiger Weißwein (Chardonnay, Grauburgunder).

Ratsstube Blasius

Besitzer: Peter Blasius
Trierer Straße 14 · 66663 Merzig
Tel. (0 68 61) 29 27
www.ratsstube-blasius.de
Ruhetag: Montag und Samstagmittag

Im Juli 2006 darf bei Familie Blasius gefeiert werden. Dann wird die Ratsstube 25 Jahre alt. Dazu darf man jetzt schon gratulieren. 24 Jahre Gastronomie mit vielen zufriedenen Gästen, das ist eine Leistung. Das gepflegte Haus in der Trierer Straße, im Herzen von Merzig, bietet vom schnellen Mittagstisch am Tresen bis zum kompletten Menü bei Kerzenlicht am Abend ein gutes, abwechslungsreiches Angebot. Peter Blasius (Jahrgang 1954) und sein Team bieten täglich eine Auswahl preiswerter Gerichte auf der Mittagskarte: Eier-Schnittlauch-Salat mit Bratkartoffeln oder Cordon Bleu vom Schwein, Vegetarisches wie Semmelknödel mit Pfifferlingen in Rahmsoße oder Kabeljaufilet in Dillsoße. Auf der Standardkarte findet man Französische Zwiebelsuppe oder Kraftbrühe mit Einlage, verschiedene Salatvariationen, zum Beispiel mit Schafskäse und Krabben oder mit gebackenem Fisch.

Dann gibt es Zwischengerichte, Snacks und Vegetarisches (Gemüseteller mit Baked Potato und Sauerrahm), eine ordentliche Auswahl an Fischgerichten (Lachsschnitte in Hummersoße oder Zanderfilet in Pernod-Sahne) und Fleisch von Schnitzel über Steak bis Filet. Eine Spezialität des Hauses sind Gerichte vom heißen Stein, etwa Schweinefilet am Stück oder Gambas mit Rinderfilet, jeweils mit verschiedenen kalten Soßen. Ein Menü kann man sich selbst zusammenstellen. Und zusätzlich werden auf einer Aktionskarte Gerichte der Saison angeboten. Beliebter Treffpunkt in der Ratsstube ist die große Theke mit Blick auf die Bilderwand mit vielen Fotografien des alten Merzig. Wer ein ruhigeres Plätzchen für zwei sucht, wird ebenso fündig. Und auch kleinen Gesellschaften bietet Familie Blasius den passenden Rahmen.

Hauptgerichte: 10 bis 21 Euro · Menüs: 24,50 und 29,50 Euro.

Spargelcrèmesuppe mit Mandelsahne

Für vier Personen: 500 g Suppenspargel, 50 g Butter, 45 g Mehl, 0,25 l Sahne, 0,75 l Spargelfond, 20 g geröstete Mandelblättchen, 100 g Schlagrahm.

So wird's gemacht: Suppenspargel waschen, in Stücke schneiden und in Butter andünsten. Mit Mehl bestäuben und mit dem Spargelfond ablöschen. Zirka zehn Minuten leicht kochen lassen. Mit Sahne verfeinern und würzen. Mit Sahnehäubchen und Mandelblättchen garnieren.

Kalbsrückensteak mit Pfifferlingen

Für vier Personen: 4 Steaks vom Kalbsrücken (à 150 g), 100 g Butter, 0,25 l Bratenjus, 1 dl Sahne, 200 g Pfifferlinge, 8 Frühlingszwiebeln, Salz, Pfeffer.

So wird's gemacht: Pfifferlinge und Frühlingszwiebeln putzen und waschen. Kalbssteaks anbraten und warm stellen. Pfifferlinge anschwenken, würzen und mit Bratenjus ablöschen. Einreduzieren lassen und mit kalter Butter aufmontieren. Frühlingszwiebeln in Butter anschwenken, würzen und auf dem Teller anrichten. Kalbssteak auf den Teller legen, Pfifferlinge auf das Steak legen und Soße dazugeben. Dazu serviert Peter Blasius bunte Tagliatelle.

Orangen-Parfait mit Erdbeeren

Für vier Personen: Saft von 2 ausgepressten Orangen, 200 g Zucker, 500 g Sahne; Erdbeeren zum Garnieren.

So wird's gemacht: Zucker leicht karamellisieren, mit ausgepresstem Orangensaft ablöschen und reduzieren. Abkühlen lassen. Sahne steif schlagen und abgekühlte Sirupmasse unterziehen und portionieren. Für zirka vier Stunden ins Gefrierfach stellen. Erdbeeren putzen und waschen, auf dem Teller anrichten. Parfait darauf platzieren und Teller schön garnieren.

Getränkeempfehlung zum Hauptgericht: Ein kräftiger Weißwein (Chardonnay, Grauburgunder) oder ein fruchtig-leichter Rotwein (Spätburgunder von der Obermosel).

Restaurant Moselbrück

Küchenchef: Christian Heinsdorf
An der Moselbrücke · 66706 Perl-Nennig
Tel. (0 68 66) 15 08 50 · www.restaurant-moselbrueck.de
Ruhetag: Montag

Auf Schloss Berg hat er gelernt. Ein paar hundert Meter davon entfernt, unten an der Mosel, hat er sich inzwischen selbstständig gemacht. Seit dem 1. Mai 2003 führt Christian Heinsdorf das Restaurant Moselbrück in Perl-Nennig. Am Ufer der Mosel, zwischen der Brücke nach Remich und einem Campingplatz, steht das gepflegte Haus. Heinsdorf weiß, was er will. Der junge Mann aus Perl-Besch (Jahrgang 1980) kennt die Feinschmeckerküche, er hat aber auch ein Händchen für regionale Gerichte sowie für Kreationen mit mediterranem Einschlag. Im Restaurant

Moselbrück übt der Junggeselle täglich den Spagat: Vom Ausflügler über den Mittagsgast bis zum Liebhaber

gehobener Küche wird hier jeder nach besten Kräften bedient. Sehr beliebt ist das Mittagsmenü: Da kann man sich aus zwei Vorspeisen, drei Hauptgerichten und zwei Desserts ein Menü zusammenstellen. Kartoffelsuppe, Eier in Senfsauce mit Salzkartoffeln sowie Pfirsichquark, das Ganze für 8,50 Euro, das ist ein Schnäppchen.

Wer Steaks mag, kommt im Moselbrück auf seine Kosten: Schweinesteak mit Pfifferlingen und Wirsing, argentinisches Rumpsteak mit Bratkartoffeln und Speckbohnen, Steaks vom heimischen Damwild mit Rosmarinjus oder – Spezialität des Hauses – Pferdesteak an Sauce Provençale. Lust auf Fisch: Zanderfilet an Calvadossauce mit Apfel-Lauchgemüse oder Rotbarbenfilets auf mediterranem Gemüse mit Pesto-Spaghetti. Salate, vegetarische Gerichte und eine Kinderkarte runden das Angebot ab. Man sitzt in einem großen, unterteilten Raum mit gelb-terracotta-farbigen Wänden oder auf der Terrasse mit Blick auf die Mosel und Remich. Der Service ist aufmerksam, die Weinkarte bietet eine schöne Auswahl an Gewächsen von der saarländischen Obermosel, aus Frankreich und Luxemburg.

Hauptgerichte: 9,50 bis 17,90 · Menüs: auf Anfrage.

Kartoffel-Riesling-Suppe mit Zanderschnitte

Für vier Personen: 400 g geschälte Kartoffeln, 2 Zwiebeln, halbe Stange Lauch, 1 l Rinderbrühe, 0,3 l Sahne, 0,3 l Riesling, Salz, Pfeffer, Muskat, 120 g Zanderfilet ohne Gräten.

So wird's gemacht: Kartoffeln und geschälte Zwiebeln würfeln. Lauch halbieren, waschen und in Streifen schneiden. Alles in einem Topf mit etwas Sonnenblumenöl ohne Farbe anschwitzen. Mit Riesling ablöschen und 2 Minuten köcheln lassen. Mit Rinderbrühe auffüllen und weiter köcheln, bis die Zutaten weich sind (zirka 20 Min). Sahne hinzugeben, Suppe pürieren. Mit Salz, Pfeffer und etwas Muskat abschmecken. Zanderfilets auf beiden Seiten anbraten und im vorgeheizten Ofen (180 Grad) fünf Minuten garziehen. Suppe mit den Zanderfilets und Schnittlauch anrichten.

Rehrücken mit Rosmarinjus

Für vier Personen: 800 g ausgebeinter und geputzter Rehrücken, Salz Pfeffer, Rosmarin, Thymian, 20 g Butter. Rosmarinjus: 1 kg Knochen vom Reh, 150 g Karotten, 150 g Lauch, 100 g Sellerie, 250 g Zwiebeln, 10 g Tomatenmark, 0,5 l Rotwein, eine Prise Zucker, Wachholder, Lorbeer, Nelke, Salz, Pfefferkörner.

So wird's gemacht: Für die Soße Knochen anbraten, Gemüse dazugeben, anrösten. Tomatenmark und Zucker beifügen, mit Rotwein ablöschen. Mit Wasser auffüllen, köcheln lassen, Schaum abschöpfen, nach etwa einer Stunde Gewürze hinzugeben. Durch ein Sieb passieren, um die Hälfte reduzieren, in den letzten fünf Minuten einen Rosmarinzweig hinzugeben. Zum Schluss etwas kalte Butter in die Soße rühren und abschmecken. Fleisch auf beiden Seiten anbraten und im vorgeheizten Ofen bei 180 Grad je nach Dicke 10-12 Minuten garen. Butter in die Pfanne geben und jeweils einen Thymian- und einen Rosmarinzweig dazugeben. Das Fleisch mehrmals mit der zerlassenen Butter übergießen. Zum Anrichten wird das Fleisch schräg in drei Zentimeter dicke Scheiben geschnitten, das Fleisch soll innen saftig und rosa sein. Dazu passen Serviettenknödel und Wirsinggemüse.

Crème Bruleé vom Viez

Für vier Personen: 6 Eier, 100 g Zucker, 200 g Saure Sahne, 0,3 l Viez, 0,1 l Apfelsaft, 0,1 l Sahne, brauner Rohrzucker.

So wird's gemacht: Zutaten in eine Schüssel gegeben und kurz über dem Wasserbad aufgeschlagen. Zur Dekoration werden 4 dünne Apfelscheiben in den Teller gelegt. Nun wird die Masse in die Teller verteilt und bei 90 Grad für eine Stunde in den Ofen geschoben. Nach Ende der Garzeit etwas abkühlen lassen, mit dem Rohrzucker bestreuen und anschließend den Zucker mit dem Bunsenbrenner oder unter dem Grill karamellisieren. Mit etwas Puderzucker bestreuen und servieren.

Getränkeempfehlung zum Hauptgericht: Ein kräftiger, würziger Rotwein.

Schumachers Scheune

Besitzer: Peter und Ulrike Schumacher
Bahnhofstr. 1a · 66679 Losheim am See
Tel. (0 68 72) 50 56 66 · www.schumachers-scheune.de
Ruhetag: Dienstag

Lehmofen, Sichtmauerwerk mit Sandsteinen, rustikal verputzte Wände, viel Glas und Kerzen sorgen für ein tolles Ambiente. Elf Meter hoch ist die Scheune im Innern. Unten und auf der Galerie, in einem kleinen Nebenzimmer oder auf der schönen Terrasse sitzt man sehr gemütlich und kann die Küche mit frischen Produkten der Saison von Peter Schumacher genießen.

Ein einmaliges Haus. Originell, klug durchdacht und mit viel Liebe eingerichtet. Das muss man gesehen haben: Aus einer alten, abbruchreifen Scheune haben Peter und Ulrike Schumacher ein urgemütliches Wirtshaus gemacht. Wobei „Wirtshaus" eine höchst bescheidene Bezeichnung für dieses prächtige Anwesen ist. Viel Eigenleistung und jede Menge eigene Ideen haben die Schumachers in die 1900 von Urgroßvater Johann erbaute und 100 Jahre später total renovierte Scheune gesteckt. Technik vom Feinsten steckt in dem Haus (ein Mini-Block-Heizkraftwerk und eine unsichtbare Wandheizung). Ein

Der gebürtige Losheimer (Jahrgang 1959) ist in einer Gastronomiefamilie aufgewachsen und hat unter anderem im Schwarzwald und der Schweiz in renommierten Häusern gearbeitet. Neben der Standardkarte werden täglich acht bis zehn Gerichte auf der Tafel angeboten sowie besondere Offerten je nach Jahreszeit. Zum Auftakt darf's eine fruchtige Tomaten- oder eine feine Kartoffel-Zucchini-Suppe sein, ein Carpaccio vom Räucherlachs oder ein Schnecken-pfännchen. Beliebt sind auch die Salate zum Sattessen, ob mit Oliven und gebackenem Ziegenkäse, mit Hähnchenbrust und Champignons

oder, man höre und staune, mit Räucherlachs und weißer Schokolade („Salat Paradox")! Die Hauptgerichte reichen von hausgemachten Käse-spätzle über Spaghettinis mit Ratatouillegemüse und Spanferkel-koteletts bis zum Rumpsteak mit „Scheunenpitsoße" (Sahne, Gurken, Crevetten und Käse).
Ulrike Schumacher, die umsichtig und freundlich den Service leitet, empfiehlt Weine aus ihrer Heimat: Vom Winzerhaus „Stich den Buben" in Baden-Baden, Stadtteil Steinbach-Umweg. Prosit und Kompliment!

Hauptgerichte: 8,80 bis 15 Euro; Menüs: auf Anfrage

Kürbissuppe

*Für vier Personen: 600 g Kürbis,
30 g Butter, 100 g Zwiebelstreifen,
40 g Zucker, 0,2 l Elbling, 0,5 l Brühe
oder Wasser, Lorbeerblatt, Knoblauchzehe, Sahne nach Geschmack, 4 EL
geröstete Kürbiskerne, 0,5 l Milch,
1 EL Rosa Pfefferkörner, 1 EL Kürbiskernöl, Salz, etwas geriebene
Muskatnuss.*

So wird's gemacht: Die Kürbisschalen
mit Zwiebeln und Knoblauch in geklärter Butter glasig schwitzen, mit
Zucker bestäuben und karamellisieren.
Lorbeerblatt zugeben, mit Weißwein
ablöschen und Wasser oder Brühe und
0,25 l Milch auffüllen. Zirka eine
halbe Stunde leicht kochen. Den Fond
absieben. Kürbisfleisch würfeln und
im abgesiebten Fond weich kochen.
Gewürze, 0,25 l Milch und Sahne zugeben und mit dem Passierstab fein
mixen. Mit Salz und Muskat abschmecken. Sehr fein geschnittene
Kürbisstreifen als Einlage zugeben.
Mit Kürbiskernöl verfeinern und mit
gerösteten Kürbiskernen sowie rosa
Pfeffer garnieren.

Spanferkelrücken mit Wirsing-Lasagne

*Für vier Personen: 800 g ausgebeinter
Spanferkelrücken mit Schwarte, Salz,
Pfeffer aus der Mühle, Paprika,
1 EL Schmalz, 150 g Kräuterbutter,
250 g Lasagneplatten (vorgekocht),
200 g geriebener Gruyère Käse,
300 g Wirsing Gemüse grob geschnitten, 80 g Kräuterbutter, Salz, Pfeffer,
Piment, 1 l Milch, 30 g Speisestärke.*

So wird's gemacht: Schwarte vom
Spanferkelrücken über Kreuz ein-
schneiden, würzen und auf beiden
Seiten in der Pfanne scharf anbraten.
Bei kleiner Hitze fertig garen.
Aus Milch und Speisestärke eine helle
Rahmsoße herstellen und abschme-
cken. Wirsinggemüse in Kräuterbutter
anschwitzen und würzen. Rahmsoße,
Lasagneblätter, noch einmal Rahm-
soße, Wirsing und geriebener Käse
abwechselnd in eine Gratinform fül-
len. Den Vorgang wiederholen bis die
Form gefüllt ist. Den Abschluß bilden
Soße und Käse. Im Backofen bei
180 Grad zirka 40 Minuten backen.

Crêpes mit Früchten

*Für vier Personen: Eier, 1 Päckchen
Vanillinzucker, 100 g Mehl,
0,1 l Sprudel, 0,25 l Milch, 1 TL Öl,
50 g Zucker, eine halbe Zitronenschale
gerieben, 4 g Salz, Öl zum Backen;
Garnitur: 1 EL Ahornsirup, frische
Früchte nach Jahreszeit.*

So wird's gemacht: Aus den Zutaten
einen glatten Teig rühren. Öl in einer
Pfanne erhitzen und hauchdünne
Pfannkuchen backen.
Mit Ahornsirup bestreichen,
zusammenfalten und mit frischen
Früchten der Saison anrichten.

Getränkeempfehlung
zum Hauptgericht:
Ein frisches Zwickel
oder ein fruchtiger
Rotwein.

Kreis St. Wendel

Schaumberg und Bostalsee, Dom und
Skulpturenstraße, Benediktinerabtei
und Hunnenring: Willkommen im
Landkreis St. Wendel.

In der Kreisstadt trifft man auf eine lebendige Kneipenszene rund um den Dom und den Schlossplatz. Sehenswert sind die Altstadt mit der Basilika St. Wendalinus und das Museum St. Wendel (Mia-Münster-Haus).

Im Hinterland locken vielfältige Freizeit- und Besichtigungsmöglichkeiten. Nummer eins ist der Bostalsee, inmitten sanfter Hügel im Naturpark Saar-Hunsrück im nördlichen Saarland. Das künstlich angelegte Gewässer mit der rund 120 Hektar großen Wasserfläche bietet viele Möglichkeiten: Baden und Tauchen, Surfen und Segeln, Beachvolleyball und Kinderspielplätze. Ein sieben Kilometer langer Rundweg führt um den See – ideal für Spaziergänger, Jogger und Radfahrer. Und einmal im Jahr findet ein großes Ballonfahrer-Treffen statt.

Zur Gemeinde Nonnweiler gehören der Hunnenring in Otzenhausen, Reste eines keltischen Ringwalles, die Primstalsperre, ein verzweigter Stausee mit einem Planetenlehrweg und der Peterberg mit Wintersportmöglichkeiten, einer Sommerrodelbahn und einer Sternwarte.

Zwischen dem Luftkurort Tholey mit der alten Benediktinerabtei und dem Gemeindeteil Theley liegt der Schaumberg, der „Hausberg des Saarlandes", mit 568 Metern die höchste Erhebung im Land. Das Schaumbergbad mit angeschlossenem Erlebnispark ist ideal für die ganze Familie, ebenso die Johann-Adams-Mühle aus dem Jahr 1735, die heute ein kleines Museum beherbergt, und wo man unter fachkundiger Anleitung leckeres Brot backen kann.

Weitere Anziehungspunkte sind die Skulpturenstraße mit über 50 Werken von Künstlern aus aller Welt sowie der neue Wendalinuspark mit vielen verschiedenen Sport- und Freizeitangeboten.

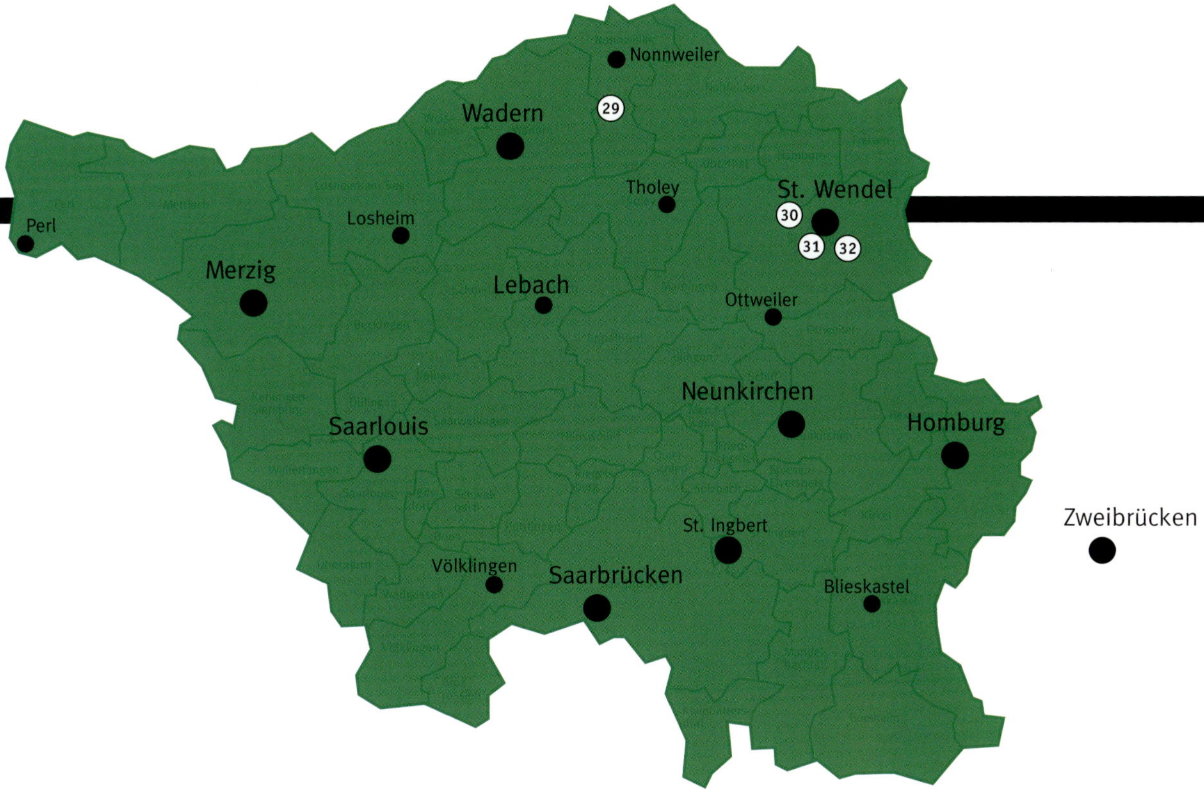

Nonnweiler

Wadern

(29)

Tholey

St. Wendel

(30)

(31) (32)

Perl

Losheim

Merzig

Lebach

Ottweiler

Neunkirchen

Homburg

Saarlouis

Zweibrücken

St. Ingbert

Völklingen

Saarbrücken

Blieskastel

Restaurants:

(29) Landgasthof Paulus | 104
(30) Restaurant Kunz | 106
(31) Restaurant Palme | 108
(32) Restaurant Zum Ochsen | 110

Weitere Adressen:

Hotellerie Hubertus (Tholey),
Zum Blauen Fuchs (Obertal-Steinberg-
Deckenhardt), Hofgut Imsbach
(Theley).

Landgasthof Paulus

Besitzer: Thomas Nickels und Sigrun Essenpreis
Prälat-Faber-Straße 2-4 · 66620 Nonnweiler-Sitzerath
Tel. (0 68 73) 9 10 11 · www.landgasthof-paulus.de
Ruhetage: Montag und Dienstag

Hoch oben im Norden des Saarlandes liegt ein Stückchen Paradies. In einem der letzten Zipfelchen des Saarlandes halten Thomas Nickels und Sigrun Essenpreis das kulinarische Fähnlein hoch. Der Landgasthof Paulus in Nonnweiler-Sitzerath gehört zu den kulinarischen Aushänge-schildern im Land. Die beiden Voll-blut-Gastronomen verwöhnen ihre Gäste nach dem Motto „von der Lust und der Kunst auf dem Land zu leben." Über 500 Jahre alt ist das Anwesen in der Prälat-Faber-Straße, seit 250 Jahren ist es in Familien-besitz, seit 1994 lenken Nickels und Essenpreis den Landgasthof mit Laden und „Genusszentrum" zum Tagen und Wohlfühlen. Im Esszimmer, im Wintergarten, in der Stube oder auf der Wein-Terrasse kann man die „Paulus"-Küche genießen, die sich mit dem begehrten Michelin-Männchen „Bib Gourmand" schmü-cken darf. Zu Recht.

Hier wird mit besten Grundprodukten aus ökologischer Erzeugung gearbei-tet, viele davon stammen von Be-trieben und Landwirten aus der Region. Sigrun Essenpreis gehört seit Juni 2005 zu den deutschen Bio-Spitzenköchen. Klassiker der Land-haus-Küche sind die gepökelten Schweinebäckchen vom Schwäbisch-Hällischen Schwein, Sauerbraten oder Kaninchen, beide im Steinbackofen geschmort, sowie das Cordon Bleu vom Kalb. Thomas Nickels kümmert sich charmant und sachkundig um den Service und die Weine. Im Landgasthof mit der „begehbaren Weinkarte", einem mit viel Glas ver-sehenen Raum, findet man eine ganz vorzügliche Auswahl, auch glasweise. Seit Mitte Oktober 2002 leiten Essenpreis und Nickels auch das Weinbistro Archipenko im Saarland Museum in Saarbrücken.

Gebackene Rote Bete mit Ziegen-frischkäse und Rauke-Orangen-Salat

Für vier Personen: 4 mittelgroße Rote Bete, grobes Meersalz, 2 EL Olivenöl, 4 Lorbeerblätter, 2 Orangen, 80 g Wal-nusskerne, 50 g Zucker, 100 g Ziegen-frischkäse, 160 g wilde Rauke (Ruco-la); Vinaigrette: 1 Knoblauchzehe (gepresst), 1 TL Dijon-Senf, 1 EL Rot-wein-Essig, 1 EL Orangensaft, 3 EL Olivenöl, Fleur de sel (Meersalz), frisch gemahlener schwarzer Pfeffer (alles aus ökologischer Erzeugung).

So wird's gemacht: Rote Bete waschen und bürsten. Meersalz 2 cm hoch in eine feuerfeste Form füllen, Rote Bete mit je einem Lorbeerblatt hineindrücken, satt mit Olivenöl bepinseln. Im Backofen bei 180 Grad zwei Stunden backen (dazwischen immer wieder mit Öl bepinseln und nach der Hälfte der Garzeit wenden). Nach dem Garen Rote Bete schälen und achteln. Orangen filetieren, Saft für die Vinaigrette auffangen.

Hauptgerichte: 15 bis 21 Euro · Menüs: auf Anfrage.

Nüsse in Zucker karamellisieren. Rauke waschen, trocknen, Ziegenfrischkäse würfeln. Alle Zutaten für die Vinaigrette verrühren, abschmecken. Rauke mit der Vinaigrette anmachen, auf vier flache Teller verteilen, lauwarme Rote Bete-Achtel und Orangenfilets abwechselnd im Kreis auf das Rauke-Bett legen. Nüsse und Käse darüberstreuen.

Gedünsteter Spitzkohl mit Zitronenverbene-Safrankrem

Für vier Personen: 1 Spitzkohl, 60 g Butter, 1 EL Dinkelmehl, 400 ml Gemüsebrühe, 150 ml Sahne, 4 zirka 20 cm lange Zweige Zitronenverbene (Zitronenstrauch), feingehackte Schale von 1 Zitrone, 1 Messerspitze Safran, Fleur de sel (Meersalz), weißer Pfeffer frisch gemahlen, Butter zum Anbraten (alle Produkte aus ökologischer Erzeugung).

So wird's gemacht: Spitzkohl vierteln, in gesalzenem Wasser blanchieren; für die Zitronenverbene-Safrankrem Butter schmelzen, Mehl einrühren und eine helle Mehlschwitze herstellen; mit Gemüsebrühe ablöschen. Sahne dazugeben, das Ganze 30 Minuten köcheln lassen; Safran dazu-

geben (alternativ Blütenblätter von Ringelblumen), Zitronenzesten, Fleur de sel und Pfeffer in die Soße rühren; kurz aufkochen; blanchierte Spitzkohlviertel in der Butter anbraten. Zitronenverbene-Safrankrem auf einen Teller gießen, darauf ein Viertel Spitzkohl legen, mit Borretschblüten und Blütenblättern von Ringelblumen garnieren. Dazu passt Kartoffelbrei mit gehacktem frischem Ingwer.

Ausgebackene Holunderblüten mit Riesling-Sorbet

Für vier Personen: 100 g Mehl, 150 g Kartoffelstärke, 1 Messerspitze Backpulver, 200 ml eiskaltes Wasser, Salz, 5 EL Viez oder Weißwein, 12 Holunder-

blüten mit Stiel. Sorbet: 1 Flasche Rieslingwein, in den die Blüten von 8 Holunderdolden 1 Woche eingelegt waren; 200 ml Holunderblütensirup.

So wird's gemacht: Mehl, Kartoffelstärke, Backpulver und Salz vermischen, mit eiskaltem Wasser und Viez zu einem dünnflüssigen Teig rühren, kalt stellen. Friteusenfett auf 175 Grad erhitzen; Holunderblüten am Stiel fassen, Blüte erst in den Ausbackteig dann ins heiße Fett tauchen; sobald der Teig knusprig braun ist, herausnehmen und auf Küchenpapier legen; so mit allen anderen Blüten verfahren; dann die Stiele abschneiden. Sorbet: Riesling mit dem Holunderblütensirup mischen, in der Eismaschine gefrieren. Auf einen Teller je drei ausgebackene Holunderblüten legen; mit Puderzucker bestäuben; eine Nocke Riesling-Sorbet dazugeben. Dazu passen in Holundersirup marinierte Walderdbeeren.

Getränkeempfehlung zum Hauptgericht: Ein fruchtiger trockener Saar-Riesling (Van Volxem).

Restaurant Kunz

Besitzer: Anke und Alexander Kunz
Kirchstr. 22 · 66606 St. Wendel-Bliesen
Tel. (0 68 54) 81 45 · www.restaurant-kunz.de
Ruhetage: Montag, Dienstag

Saftiger Zander mit Spinatsoße, butterzarte Scheiben von der Frischlingskeule und köstlicher Pfirsich mit Rotwein-Eis – mit diesem hervorragenden Menü mit regionalen Zutaten begeisterte uns Alexander Kunz aus St. Wendel-Bliesen. Der Küchenchef (ein Michelin-Stern, 17 Punkte im Gault Millau) ist Mitglied der Vereinigung junger europäischer Spitzenköche „Jeunes Restaurateurs d'Europe" und gehört seit Jahren zur absoluten Spitze im Saarland und zu den besten 50 Köchen in Deutschland. Seine Frau Anke leitet charmant und fachkundig den Service und kümmert sich um die Weinauswahl. Die ist großartig, gehört zum Besten, was man weit über das Saarland hinaus bekommen kann.

Der Familienbetrieb verfügt über viele Möglichkeiten: Im eleganten Restaurant und im großzügigen Wintergarten mit schönem Holzdielen-Boden kann man kreative Feinschmeckerküche genießen. Die rustikale Jakobsstube bietet preiswerte regionale Gerichte, auf der neuen Terrasse mit schönen Holzmöbeln werden mediterrane Spezialitäten serviert und im festlichen Saal kann man Feste aller Art feiern. Alle Räume tragen die Handschrift einer mit viel Herzblut und Können engagierten Gastronomenfamilie.

Geschmackvolle Einrichtung mit warmen Gelb- und Terracotta-Tönen, liebevolle Dekoration, gleichbleibend hohe Qualität der Speisen und Getränke, freundlicher Service. Das Restaurant Kunz, von Christa und Klaus Kunz aufgebaut und heute von Alexander und Anke Kunz geführt, ist ein prächtiges Aushängeschild für die Gastronomie im Saarland. Sehr beliebt ist auch das von Familie Kunz betriebene Bistro „Wendelin" in der St. Wendeler Innenstadt direkt am Brunnen.

Hauptgerichte im Feinschmeckerrestaurant: 27 bis 29 Euro · Menüs: 69 und 84 Euro.

Zander mit kross gebratener Haut auf Spinatsoße

Für vier Personen: 4 Zanderfilets mit Haut à 120 g, 1 gewürfelte Zwiebel, 1 Knoblauchzehe in Scheiben geschnitten, 0,2 l trockener Weißwein, 0,2 l Sahne, 50 g Butter, 200 g Spinat geputzt und gewaschen, 2-3 EL Olivenöl.

So wird's gemacht: Zwiebeln und Knoblauch in 1 EL Olivenöl andünsten, mit Weißwein ablöschen, um die Hälfte einreduzieren, mit Sahne auffüllen. 5 Minuten bei schwacher Hitze kochen lassen, Soße absieben, würzen und Butter einrühren. Spinat eine halbe Minute in gesalzenem Wasser blanchieren, abschrecken. Spinat leicht ausdrücken, 20 Spinatblätter aufgefaltet auf ein Küchentuch legen. Restlichen Spinat feinhacken, in die Soße geben. Zander auf der Fleischseite pfeffern und salzen. Hautseite salzen und mehlieren. Zander mit der Hautseite in Olivenöl 2 Minuten braten, kurz auf der Fleischseite braten, wieder auf die Hautseite wenden. Auf jedes Filet ein Stück Butter und frische Kräuter geben. Zander 4-5 Minuten im Ofen (190 Grad) garen. Spinatsoße leicht erhitzen, auf den Teller geben, Zander mit der Haut nach oben auf die Spinatsoße setzen. Dazu passen gedünstete Rotweinschalotten.

Frischlingskeule in der Meersalz-Rapsölkruste mit Maisgrieß und geschmorten roten Zwiebeln

Für vier Personen: Zirka 600-700 g Frischlingskeule, geputzt (ohne Sehnen und Haut), zerkleinert, 2 Seiten grüner Speck geschnitten, zirka 5 mm dick (beim Metzger bestellen), 3 kg Meersalz, 1 l Rapsöl, 20 Wacholderbeeren, 5 Nelken, 8 Lorbeerblätter, je 5 gehackte Rosmarin- und Thymianzweige (oder je 1 EL).

So wird's gemacht: Frischlingskeule salzen und pfeffern und in einer Pfanne von allen Seiten kurz anbraten, in den grünen Speck einschlagen. Salz, Öl und alle Gewürze mischen, in einem Topf 2 cm hoch einfüllen. Fleisch auf die Salzmischung legen, mit der restlichen Salzmischung komplett bedecken. Bei 160 Grad (Umluft) im Backofen 35-40 Minuten garen (die Salzmischung kann man mehrmals verwenden). Dazu passen Maisgrieß und geschmorte rote Zwiebeln. Tipp: Den grünen Speck vom Salz befreien, kurz anbraten und mit dem Fleisch anrichten.

Suprême vom Weinbergpfirsich mit Rotweineis

Für vier Personen: 200 g Blätterteig, 2 Pfirsiche, 250 g Magerquark, 3 Eigelb, 60 g Zucker, Schale von einer Orange, 3 Eiweiß. Für das Eis: 0,35 l Rotwein, 2 Vanilleschoten, 2 Zimtstangen, 120 g Zucker 5 Eigelb, 150 g Butter.

So wird's gemacht: Magerquark und Eigelb schaumig rühren, Zucker und Orangenschale unterheben, ebenso das geschlagene Eiweiß. Blätterteig ausrollen, Kreise von 10 cm ausstechen. Mit einem halben Pfirsich belegen und bei 200 Grad 15-20 Minuten backen. Quarkschaum auf die gebackenen Pfirsichküchlein geben, im Backofen bei Oberhitze (Grill) gratinieren. Eis: Rotwein mit Vanilleschote und Zimtstange um die Hälfte einreduzieren. Eigelb und Zucker schaumig rühren, reduzierte Flüssigkeit auf die Eigelb passieren, im Wasserbad aufschlagen bis die Masse dickflüssig wird. Mit dem Stabmixer die Butter untermixen und in der Eismaschine frieren.

Getränkeempfehlung zum Hauptgericht: Ein fruchtiger, körperreicher Rotwein (Spätburgunder, Toskana, Rioja).

Restaurant Zum Ochsen

Besitzer: Werner und Clementine Klär
Balduinstr. 40 · 66606 St. Wendel
Tel. (0 68 51) 75 25
Ruhetag: Sonntag und Feiertage

„Saarländisch gudd gess is halb geschafft!" Familie Klär kennt sich aus. Der Spruch über der Karte mit den saarländischen Spezialitäten ist typisch für den liebenswerten Familienbetrieb in der St. Wendeler City. Auch Gerd Dudenhöffer war schon hier, hat den hausgemachten Lionersalat (ja, Familie Klär schreibt den mit „i") probiert und kurz und treffend gemeint: „saugudd". Neben „Dibbelappes" und „Gefüllten" kann man sich hier auch deftige Schnitzelgerichte, verschiedene Rumpsteaks oder Lammfilet schmecken lassen. Sehr beliebt sind die Salate und hausgemachten Suppen, für Kinder gibt's eine Extra-Karte. Und jeden Samstagmittag wird ein Familienbuffet angeboten. Alles wird frisch zubereitet, „Konserven gibt's bei uns nicht", erklärt Küchenchefin Clementine Klär (Jahrgang 1955). Und ihr Mann Werner, der sich um das Organisatorische kümmert, ergänzt: „Unser Motto heißt: Es lebe die Region."

So viele Produkte wie möglich werden in der Region besorgt. Clementine Klär geht jeden Morgen einkaufen und kocht, „was die Saison bietet". Das originelle Anwesen in der Balduinstraße gehöre zu den ältesten Gasthäusern in Deutschland, erzählt Werner Klär. Schon vor 1620 wurde es als Gasthaus genutzt – und das wird es auch heute noch. Seit 1936 ist es in Familienbesitz. Werner Klär hat das Haus von seinen Eltern Hans und Elisabeth übernommen. Im Schankraum, im Metzgerei- und im Nebenraum hängen die Wände voll mit Fotos und Plakaten, vor allem von bekannten Rad- und Motorradfahrern, Mountainbikern und Autorennfahrern. Zwei Klaviere und diverse andere alte Musikinstrumente gehören ebenfalls zum herrlich bunten Inventar. Der „Ochse" ist ein beliebter Treffpunkt, zumal Familie Klär ab und zu auch Jazzkonzerte, Mundartlesungen oder Weinproben veranstaltet. Ein sympathisches Haus.

Hauptgerichte: 6,50 bis 16 Euro · Menüs: auf Anfrage.

Rindfleischsuppe und gekochte Ochsenbrust mit Meerrettichsoße

Für acht Personen: 3 Pfund Rinder-brust, 2 Bund Suppengrün, 1 Bund Liebstöckel (Maggikraut), 1 Zweig Lorbeer, Salz, Suppennudeln, 2 Eier; Meerrettichsoße: 40 g Butter, 40 g Mehl, 0,5 l Brühe, 5-6 EL frisch geriebener Meerrettich, nach Wunsch etwas Sahne, Salz, Pfeffer, Muskat.

So wird's gemacht: Zirka zwei Liter Wasser mit Salz zum Kochen bringen, Fleisch, Gemüse und Lorbeer hinein-geben, zirka zwei Stunden kochen. Fleisch herausnehmen, warm stellen. Ein Liter Brühe aufheben. Suppennudeln in der Brühe kochen, abschmecken, mit verrührten Eiern mischen. Fertig ist die Suppe. Für die Soße eine Mehlschwitze be-reiten, mit der zur Seite gestellten Brühe auffüllen, bis die gewünschte Konsistenz erreicht ist, Meerrettich zufügen, würzen, eventuell etwas Sahne beigeben. Fleisch in Scheiben schneiden und mit der Soße ser-vieren. Dazu gibt es Bratkartoffeln und Salat.

Apfelpfannkuchen

Für vier Personen: 250 g Mehl, 0,5 l Milch, 4 Eigelb, 4 Eiweiß, etwas Vanillezucker, 2 Äpfel, Zucker und Zimt.

So wird's gemacht: Aus Mehl, Milch, Eigelb und Vanillezucker einen nicht zu flüssigen Pfannkuchenteig rühren. Zu steifem Schnee geschlagenes Eiweiß unterziehen. Äpfel waschen, entkernen und in kleine Stücke schneiden. In den Teig geben und verteilen. Portionsweise in heißem Fett ausbacken und vor dem Servieren mit Zucker und Zimt bestreuen.

Getränkeempfehlung zum Hauptgericht: Ein frisch gezapftes Pils oder Zwickel.

Restaurant Palme

Besitzer: Ralf Riedschy
Wendalinusstr. 4a · 66606 St. Wendel
Tel. (0 68 51) 49 68 · www.restaurant-palme.de
Ruhetag: Samstagmittag, Sonntagabend

Als Student fing er an. Mit einem Biergarten hinter dem Gasthaus seiner Eltern. Das war 1984. Bald kam eine Küche dazu, 1987 ein schmuckes Restaurant. Ralf Riedschy (Jahrgang 1959) gab sein Studium (Vermessungswesen) auf und wurde Gastronom – aus Leidenschaft. Zuerst kümmerte er sich um den Service, seit 1999 führt er die Küche – und das ganze Haus: Das Restaurant Palme in St. Wendel. Unterstützt von seiner Lebensgefährtin Bettina Stieren, die den Service leitet, bietet Riedschy Gerichte der Saison sowie eine hervorragende Weinauswahl. Im Restaurant, im kleinen Wintergarten oder im Biergarten (unter Winterlinden und Hopfenbuchen) kann man sich Klassiker wie Parmaschinken mit Melone oder Vitello tonnato schmecken lassen, Tagliolini mit Basilikumpesto oder Salat der Saison mit gegrilltem Scampispieß.

Beliebte Hauptgerichte sind beispielsweise Roastbeef mit frischen Pfifferlingen, Lammsteaks mit Bohnen im Speckmantel oder Zanderfilet und Scampi auf Safran-Champagner-Sauce. Eine Spezialität des Hauses sind die selbstgemachten Flammkuchen aus dem rustikalen Steinbackofen. Und für 25 Euro bekommt man ein schönes Drei-Gang-Menü. Dazu findet man stets aktuelle Weinempfehlungen und auf der umfangreichen Karte locken preiswerte Alltagsweine und feine Tröpfchen für besondere Anlässe, von der saarländischen Obermosel über die Nahe bis nach Frankreich und Italien. Schwerpunkte sind Bordeaux und Piemont. Ab und an veranstaltet Ralf Riedschy Weinproben mit Winzern und Weinhändlern.

Gesellschaften finden im Kaminzimmer Platz, auch eine Kegelbahn ist im Haus. Ein Schmuckstück ist das dazugehörige Gasthaus Wendalinusschenke im selben Haus, hübsch renoviert und mit einer Kanzel als Buffet. Na dann gesegnete Mahlzeit!

Hauptgerichte: 14 bis 19 · Menü: 25 Euro.

Sommersalat mit gebratenem Bachsaiblingfilet

*Für vier Personen: Vinaigrette:
2 EL Balsamico dunkel, 1 EL Balsamico
hell, 1 EL Brühe, 2 EL Olivenöl, 2 EL
Traubenkernöl, Salz, Pfeffer, Zucker,
Blattsalate: Eichblatt, Lollo rosso,
Frisée, Radiccio, Krullsalat, 4 Bach-
saiblingfilets, 2 EL frisch gehackte
Kräuter, 2 Tomaten, Mehl.*

So wird's gemacht: Essig und Brühe
verrühren, Öle einrühren und mit den
Gewürzen abschmecken. Saiblingfilets
dritteln mit Pfeffer und Salz würzen,
leicht mehlieren. Fruchtfleisch der
Tomaten entfernen und in kleine
Würfel schneiden. Saiblingfilets von
beiden Seiten in Olivenöl anbraten
und in der Pfanne ziehen lassen.
Tomatenwürfel leicht anschwitzen
und Kräuter unterheben. Anrichten:
Die Salate dekorativ am oberen
Tellerrand anrichten, mit Vinaigrette
beträufeln. Die gebratenen Saiblingfilets am unteren Tellerrand auflegen
und die Tomatenwürfel darüber
verteilen.

Roastbeef mit frischen Pfifferlingen

*Für vier Personen: 4 Scheiben Roast-
beef à 200 g, 500 g frische Pfifferlinge, 1 Stange Frühlingslauch, frischer
Thymian, 1 Glas Kalbsfond (350 ml),
250 g frische Sahne, 4 cl Marsala,
30 g kalte Butter, Gartengemüse.*

So wird's gemacht: Pfifferlinge
waschen und putzen; Abschnitte für
die Sauce verwenden. Sauce: Das
Helle vom Frühlingslauch kleinschneiden und mit Pfifferlingabschnitten
anschwitzen, mit Marsala ablöschen
und einreduzieren lassen; Thymianzweig hinzufügen, mit Kalbsfond aufgießen und einreduzieren lassen.
Durch ein Sieb passieren, mit Sahne
aufgießen und wieder einreduzieren.
Mit Salz, Pfeffer und Cayennepfeffer
würzen. Zum Schluss mit kalter Butter
schaumig schlagen.
Roastbeef auf beiden Seiten anbraten, mit Salz und Pfeffer würzen,
dann bei 160 Grad 10 Minuten in
den Backofen schieben. Mit Alufolie
bedecken und 10 Minuten warm stellen. Frühlingslauch kleinschneiden,
Thymianblätter zupfen. Pfifferlinge in
Butterschmalz anbraten, Frühlingslauch und Thymianblätter hinzufügen,
mit Salz und Pfeffer würzen.

Anrichten: Gartengemüse am oberen
Tellerrand anrichten, Sauce verteilen,
Roastbeef schräg in 4 Tranchen
schneiden, darauf anrichten und die
Pfifferlinge verteilen.

Basilikum-Zitronen-Sorbet

Für vier Personen: 1 Bund frischer
Basilikum, 200 g Zucker, 20 cl Wasser,
0,25 l Zitronensaft, abgeriebene
Schale einer unbehandelten Zitrone,
6 cl Grappa mit Limone, 1 Vanilleschote, 0,15 l Sahne, Vanillezucker,
frische Beeren

So wird's gemacht: Vanilleschote aus-
kratzen, mit Sahne verrühren und kalt
stellen. Zucker, Wasser, Zitronenschale
aufkochen und abkühlen lassen.
In den Zitronensaft absieben.
Basilikumblätter zupfen, mit der
Mischung von Zitronensaft im Mixer
pürieren, Grappa mit Limone hinzufügen und in der Eismaschine frieren.
Anrichten: Auf dem vorgekühlten
Teller leicht aufgeschlagene noch
flüssige Vanillesahne verteilen,
3 Nocken Sorbet anrichten, mit
Beeren dekorieren und mit Vanillezucker bestreuen.

Getränkeempfehlung
zum Hauptgericht:
Ein kräftiger, fruchti-
ger Rotwein, zum
Beispiel ein Barbera
aus dem Piemont.

Kreis Neunkirchen

ALTES HÜTTENAREAL

Die Kreisstadt Neunkirchen ist mit gut 50.000 Einwohnern die zweitgrößte saarländische Stadt. Vor über 20 Jahren endete in Neunkirchen die Eisenzeit, von dem großen Stahlwerk mitten in der Stadt konnte zum Glück ein kleines Ensemble restauriert und erhalten werden.

Der kleine Hüttenpark („Altes Hüttenareal") besteht aus zwei Hochöfen, dem Gasgebläsehaus, drei Winderhitzern, dem Wasserturm (er beherbergt vier kleine Kinos) und der Stummschen Reithalle, in der Kulturveranstaltungen stattfinden.

Ein gut 5 Kilometer langer Hüttenweg (Geschichte der Hütte) schließt sich an. Heute prägt mit dem Saarpark Center ein großes, attraktives Einkaufszentrum die Innenstadt, Neunkirchen ist auf dem Weg zu einer Dienstleistungsstadt.

Eine große Attraktion weit über
die Stadtgrenzen hinaus ist der Neunkircher Zoo in reizvollem Gelände,
mit rund 150 Tierarten und der
spannenden Greifvogelschau.
Spaziergänger, Wanderer oder Sport-
treibende finden im nahen Kasbruch-
tal oder rund um den idyllisch gelegenen Gutsweiher im Stadtteil
Furpach gute Möglichkeiten.

Im Landkreis Neunkirchen liegt Ottweiler mit seiner schönen Altstadt (Fachwerkhäuser und Alter Turm), dem barocken Pavillion und dem Saarländischen Schulmuseum. Über Illingen mit der Burg Kerpen und der Biberansiedlung im Illtal geht's nach Dirmingen mit dem Umwelt- und Freizeitzentrum Finkenrech und einem kleinen Flugplatz (Segelfliegen).

Einen Abstecher wert ist auch der herrlich im Wald gelegene Itzenplitzer Weiher in Heiligenwald.

Und schließlich nennt sich der Kreis Neunkirchen seit einigen Jahren „Rosenkreis": In kleineren Gärten in Neunkirchen, Ottweiler, Illingen und verschiedenen Illinger Ortsteilen sowie auf Finkenrech wird die Königin der Blumen gepflegt.

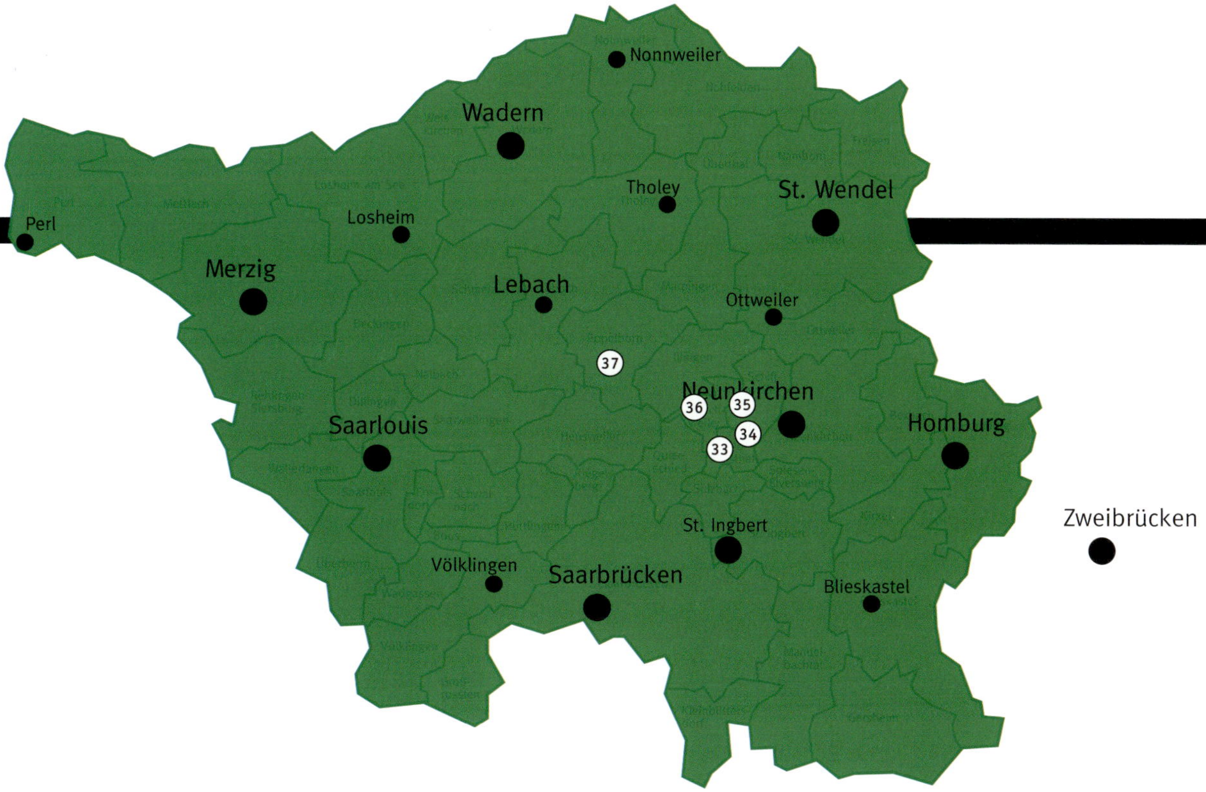

Nonnweiler

Wadern

Tholey

St. Wendel

Perl

Losheim

Merzig

Lebach

Ottweiler

③⑦

Neunkirchen

③⑥ ③⑤

Saarlouis

③④

③③

Homburg

St. Ingbert

Zweibrücken

Völklingen

Saarbrücken

Blieskastel

Restaurants:

Hostellerie Bacher

Besitzer: Hermann Wögerbauer
Limbacher Str. 2 · 66539 Neunkirchen-Kohlhof
Tel. (0 68 21) 3 13 14 · www.hostellerie-bacher.de
Ruhetage: Sonntagabend, Montag

Ein prächtiges Anwesen mit Restaurant, Wintergarten, Terrasse und einem geschmackvollen Gästehaus mit 12 Zimmern, Hallenbad, Sauna und Konferenzzimmer. Dazu eine hervorragende Küche mit sehr gutem Preis-Leistungsverhältnis und eine stark verbesserte Weinkarte: Die Hostellerie Bacher in Neunkirchen-Kohlhof gehört nach wie vor zu den gastronomischen Aushängeschildern des Saarlandes. Mit dem Tod von Gründerin Margarethe Bacher verlor die Hostellerie zwar den Michelin-Stern, doch ihr Nachfolger als Küchenchef und Geschäftsführer, Hermann Wögerbauer, will mit einem jungen und engagierten Team in Küche und Service weiter mit der viele Jahre lang gebotenen Qualität seine Gäste verwöhnen. Wögerbauer war über zehn Jahre stellvertretender Küchenchef in der Hostellerie Bacher, er kennt das Metier von der Pieke auf. Er bietet attraktive Menüs zu günstigen Preisen an.

Das Landhaus-Menü für 25 Euro bietet zum Beispiel Räucherfischstreifen in Spargelschaum, gefülltes Maispoulardenbrüstchen mit Kartoffel-Erbsenpüree und Zwiebelsoße und als Dessert ein Rhabarberragout auf Walnuss-Eis. Im Feinschmecker-Menü mit sechs exquisiten Gängen findet man unter anderem Wachtelbrüstchen und gebratene Gänsestopfleber auf Spargelspitzen mit Trüffelsoße, Filet vom Babysteinbutt auf Tomatenragout mit Champagnersoße oder gebratene Hirschmedaillons mit Wacholdersoße, Preiselbeeren und Kartoffelklößchen. Aber Wögerbauer und sein Team haben auch ein hervorragendes Händchen für regionale Produkte (siehe Rezepte).

Zanderfilet gebraten auf geschmolzenen Tomaten mit Weißweinsoße

Für vier Personen: 4 Zanderfilets à 120 g, Salz, 1 EL Öl; 4 Tomaten, 1 Zehe Knoblauch, 1 EL gehackte Petersilie, halber TL Thymian, Salz, Zucker, 20 g Butter. Soße: 1 große Zwiebel, 1 Zehe Knoblauch, 0,125 l Riesling, 0,125 l Fischfond, 75 g Crème fraîche, 0,125 l Sahne, 25 g kalte Butter, Salz, Pfeffer, 1 TL Zitronensaft, 1 TL Speisestärke.

So wird's gemacht: Für die Soße Zwiebel und Knoblauch in etwas Butter glasig schwitzen, mit Riesling ablöschen und leicht einreduzieren. Mit Fischfond auffüllen und nochmals bis zur Hälfte einköcheln, Sahne zugeben, mit Gewürzen und Zitronensaft abschmecken. Aufkochen lassen und mit Stärkemehl abbinden. Haut der Zanderfilets am dickeren Ende einritzen, Fisch würzen, in der Pfanne braten. Tomaten kurz blanchieren,

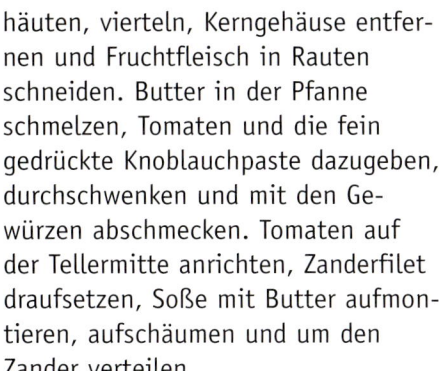

häuten, vierteln, Kerngehäuse entfernen und Fruchtfleisch in Rauten schneiden. Butter in der Pfanne schmelzen, Tomaten und die fein gedrückte Knoblauchpaste dazugeben, durchschwenken und mit den Gewürzen abschmecken. Tomaten auf der Tellermitte anrichten, Zanderfilet draufsetzen, Soße mit Butter aufmontieren, aufschäumen und um den Zander verteilen.

Gefülltes Poulardenbrüstchen mit Zwiebelsoße

Für vier Personen: 2 Poulardenbrüstchen, 1 Stange Lauch, Salz, Pfeffer, Paprikapulver, Öl zum Braten. Zwiebelsoße: 1 große Zwiebel, halbe Zehe Knoblauch, 0,125 l Weißwein, 0,25 l Bratensaft, 10 g Speisestärke, Zucker, Salz, 20 g kalte Butter.

So wird's gemacht: Brüstchen längs aufschneiden, mit blanchiertem Lauch füllen, würzen, wieder zuschlagen. Fleisch in ein Schweinenetz (vom Metzger) einpacken. Fleisch auch außen würzen, in der Pfanne von allen Seiten anbraten, bei 150 Grad in den Backofen schieben. Temperatur auf 90 Grad zurückschalten, 6-8 Minuten fertig garen. Zwiebelsoße:

gewürfelte Zwiebel und Knoblauch anschwitzen, mit Wein ablöschen, leicht einreduzieren und mit Bratenjus auffüllen. Halbe Stunde köcheln lassen, mit Stärke abziehen, Butter einrühren. Brüstchen in fünf Scheiben schneiden, mit der Soße anrichten. Dazu passen Maisplätzchen und Karrottenpüree.

Glacierte Pflaumentorte auf Aprikosensoße

Für vier Personen: Torte: 300 g Blätterteig, 450 g frische Pflaumen, 1 Eigelb zum Bestreichen, 80 g Marzipanrohmasse; Soße: 300 g frische Aprikosen, 0,1 l Weißwein; Glasur: 60 g entsteinte Pflaumen, 2 cl Cognac, 0,125 l Weißwein, 40 g Zucker, 3 Sternanis, 2 Gewürznelken, 1 Zimtstange.

So wird's gemacht: Blätterteig ausrollen, 4 Teigplatten von der Größe einer Kaffeeuntertasse ausschneiden. Platten auf ein Backblech legen, mit dünn ausgerolltem Marzipan (6 cm Durchmesser) belegen. Pflaumen waschen, der Länge nach zu einem Stern aufschneiden, auf das Marzipan legen. Pro Torte je nach Größe 5 bis 8 Pflaumen. Blätterteigränder mit Eigelb bestreichen, bei 180 Grad zirka 10 Minuten backen. Aprikosen entsteinen, mit Weißwein kochen, durchpassieren, mit Zucker abschmecken. Für die Glace die Pflaumen mit den Gewürzen im Gewürzsäckchen kochen und durchpassieren. Pflaumentorte mit der heißen Glace überziehen, dazu passt Vanille-Eis.

Getränkeempfehlung zum Hauptgericht: Ein kräftiger Weißwein, zum Beispiel aus Apulien oder Sizilien, oder ein fruchtiger Rotwein (Spätburgunder von der Obermosel).

Café Kanne im Hofgut

Besitzer: Gerd Erdmann und Gabi Moro
Beim Wallratsroth 13 · 66539 Neunkirchen-Furpach
Tel. (0 68 21) 2 22 11
Geöffnet: Di-So, ab 16 Uhr; Ruhetag: Montag

Originell, vielseitig, liebenswert: Gerd Erdmann und Gabi Moro gehören mit ihrem Bistro-Restaurant Café Kanne zu den schönsten Adressen im Saarland. Nach Stationen am namensgebenden Milchhof und in der Marienstraße sind sie inzwischen im Neunkircher Stadtteil Furpach zu Hause. Am idyllisch gelegenen Gutsweiher bietet die „Kanne" in reizvollen Räumen und im Freien diverse Möglichkeiten. Man trifft sich an der Theke und an Stehtischen, man sitzt im weiß verputzten Erkerzimmer mit dem mächtigen alten Spiegel, im urigen Sandstein-Gewölbe sowie bei schönem Wetter auf der Terrasse mit Blick auf den Weiher.

Der gelernte Bildhauer Gerd Erdmann liebt die mediterrane Küche und die Kunst, zaubert farbenfrohe und knackig-frische Salate auf die Teller, verwöhnt seine Gäste mit zartem Tinten- oder pikantem Thunfisch, kreiert köstliche Fischsuppen und einiges mehr. Ein Händchen hat er auch für regionale Gerichte: Seine „Gefüllten" sind berühmt, ebenso der „Höllerich", das sind Lyonerstücke im Blätterteig. Gabi Moro leitet umsichtig und freundlich den Service, ein treues Stammpublikum weiß das zu schätzen.

Die „Kanne" ist aber noch mehr als ein Restaurant mit pfiffiger Küche und Atmosphäre. Von Beginn an zeigen die beiden Gastronomen in ihren Räumen Ausstellungen, sowohl von heimischen wie von überregionalen Künstlern. Außerdem werden in loser Folge Konzerte und Lesungen veranstaltet. Das Café Kanne – ein liebenswertes Gesamtkunstwerk.

Hauptgerichte: 9,50 bis 15,50 Euro · Menü auf Anfrage.

Crèmesuppe aus Kartoffeln, Lyoner und Zwiebeln

Für vier Personen: 2 große Kartoffeln, 1 l Gemüsebrühe, 150 g Lyoner ohne Haut, 1 Zwiebel, 2 EL Butterschmalz, 150 g Sahne, etwas Muskatnuss, Salz, Pfeffer, Petersilie.

So wird's gemacht: Kartoffeln waschen, schälen, fein würfeln. In der Gemüsebrühe kochen. Lyoner und Zwiebel fein würfeln. Jeweils in Butterschmalz anbräunen. 4 TL gebräunte Zwiebeln zurückbehalten, Rest mit dem Lyoner zu den Kartoffeln in den Topf geben, aufkochen und mit dem Pürierstab zu einer Crème pürieren. Sahne dazugeben, mit Salz und Pfeffer und einer Prise Muskatnuss abschmecken. Suppe in tiefen Tellern anrichten, jeweils mit 1 TL gebräunter Zwiebel und etwas Petersilie dekorieren.

Kartoffel-Calzone mit Wels

Für vier Personen: 500 g Welsfilet, 125 g Bacon-Würfel, je eine große rote und gelbe Paprika, 4 Stangen Bleichsellerie, 1 Fenchelknolle, frischer Rosmarin, 4 EL Tsatsiki, Petersilie; 4 große Kartoffeln, 2 Eier, Salz, Pfeffer, Muskatnuss.

So wird's gemacht: Kartoffeln reiben, Eier untermengen, würzen. Öl in einer Pfanne (24 cm ist ideal) erhitzen und für eine Portion von der Masse zirka 5 mm über die Bodenfläche verteilen. Auf beiden Seiten knusprig goldgelb backen, herausnehmen, mit Küchenpapier Fett abtupfen. Nächste drei Puffer backen und im Backofen (75 Grad) warm stellen. Wels in 2-3 cm große Stücke schneiden, mit Salz und Pfeffer würzen. Gemüse putzen und würfeln. Öl in einer Pfanne erhitzen, Baconwürfel und Rosmarin anbraten, Gemüse dazugeben, bissfest garen. Fisch dazugeben und garen. Puffer auf vier vorgewärmte Teller legen, Fisch-Gemüsemasse auf eine Hälfte der Puffer verteilen, Puffer zusammenklappen, obenauf einen Löffel Tsatsiki geben, mit Petersilie dekorieren.

Joghurt mit karamellisierten Äpfeln, Birnen und Nüssen

Für vier Personen: 100 g gehackte Walnüsse, 50 g Butter, 2 Birnen, 2 Äpfel, 1 Päckchen Vanillinzucker, 2 EL Zucker, 1 EL Honig, 2 cl Grand Marnier, 1 Pfund festen Joghurt, frische Minze, Puderzucker.

So wird's gemacht: Walnüsse in Butter anbräunen, geschälte und in Streifen geschnittene Äpfel und Birnen dazugeben und ebenfalls anbräunen. Vanillinzucker, Zucker und Honig beifügen und alles karamellisieren lassen. Grand Marnier dazugeben (und wer möchte, kann das Ganze flambieren). Aus festem Joghurt (30 Prozent) 3 EL ausheben, auf einen großen Teller geben und mit den Früchten übergießen. Mit frischer Minze und Puderzucker dekorieren.

Getränkeempfehlung zum Hauptgericht: Ein körperreicher Weißwein (Grauburgunder, Chardonnay, Süditalien oder Navarra) oder ein Zwickel-Pils.

Restaurant Villa Medici

Besitzer: Familie Jacopini
Zweibrücker Str. 86 · 66538 Neunkirchen
Tel. (0 68 21) 8 63 16
Ruhetage: Donnerstag, Samstagmittag

Küchenchef
Boris Jacopini

Mit drei unterschiedlichen Restaurants ist die Kreisstadt Neunkirchen in diesem Buch vertreten. Alle drei liegen an der gleichen Strecke: Die Hostellerie Bacher im Stadtteil Kohlhof, das Bistro Café Kanne ein paar hundert Meter weiter in Furpach am Gutsweiher – und die Villa Medici am Stadtrand von Neunkirchen in der Zweibrücker Straße. Letztere ist das prächtige Domizil von Familie Jacopini, hier kann man frische und finessenreiche italienische Küche auf hohem Niveau genießen.

Küchenchef Boris Jacopini, unterstützt von seinen Eltern Beate und Libero Jacopini, verfügt in der eleganten Jugendstil-Villa über gute Möglichkeiten. Das Restaurant ist in zwei Räume gegliedert (insgesamt 50 Plätze) und eignet sich auch gut für Gesellschaften. 15 Gäste finden auf der Terrasse Platz – mit schönem Blick auf den Garten. Der Küchenchef arbeitet mit Waren frisch vom Markt, mit hochwertigen regionalen Produkten und mit Köstlichkeiten der Feinschmeckerküche wie Trüffel und Steinpilzen, Jakobsmuscheln, Seezunge oder Taube.

Auf der Tageskarte bietet er Gerichte von rund 9 bis 26 Euro an, zum Beispiel Meeresfrüchtesalat, Fischsuppe oder Rinderfilet mit Rosmarinbutter. Edle Fische wie Seezunge, Seeteufel oder Dorade gibt es nach Marktangebot. Neben der Tageskarte locken Klassiker des Hauses wie Rinder-Carpaccio, Jakobsmuscheln mit Steinpilzen oder ganzes Lammcarrée mit Knoblauch und Rosmarin. Außerdem kann man zwischen drei Menüs wählen, darunter vier Gänge mit Fisch- und Meeresfrüchte-Überraschungen. Eine große Auswahl italienischer Weine ist selbstverständlich, sie kommt von Bruder Enrico Jacopini, der in der Bliestraße in Neunkirchen einen Weinfachhandel betreibt.

Osso Bucco vom Kalb mit Risotto

Für vier Personen: 4 Scheiben von der Kalbshinterhaxe (250 Gramm pro Scheibe), Salz, Pfeffer, Mehl, Lorbeerblatt, Thymian, 2 Knoblauchzehen, Olivenöl, Butter, 2 Zwiebeln, 4 Karotten, 3 Stangen Sellerie (alles fein gewürfelt), 500 g frische Tomaten oder Pomodori pelati (Dose), 0,25 l Weißwein, 0,5 l Kalbsfond.

So wird's gemacht: Fleischscheiben waschen, trocknen, mit Salz und Pfeffer würzen, mehlieren. Ein EL Butter und zwei EL Olivenöl erhitzen, Fleisch von beiden Seiten anbraten. Herausnehmen, beiseite stellen. Im selben Topf Karotte, Sellerie und Zwiebel anbraten. Knoblauch, Thymian und Lorbeer unterrühren, mit Weißwein ablöschen. Beinscheiben wieder einlegen, mit Fond und Tomaten auffüllen, bei 180 Grad gut eine Stunde im Ofen garen. Mehrmals wenden und mit dem Fond-Tomatengemisch übergießen. Dazu gibt es Risotto.

Mascarponecrème mit Zabaglione und Amarena-Kirschen

Für vier Personen: Crème: 250 g Mascarpone, 4 Eiweiß (von der Zabaglione), 150 g geschlagene Sahne, 2 EL Zucker, Mark einer halben Vanillestange, etwas Abrieb von Orange und Zitrone, 2 cl Grand Marnier. Zabaglione: 4 Eigelb, 4 EL Zucker, 12 EL Weißwein.

So wird's gemacht: Mascarpone mit Zitrusfrüchte-Abrieb, Grand Marnier und Vanillemark glatt rühren. Eiweiß mit einer Prise Salz und Zucker steif schlagen, unterheben. Zabaglione: Zutaten mit dem Schneebesen über dem Wasserbad cremig aufschlagen, dann auf Eiswasser kalt schlagen. Zabaglione in die Mitte des Tellers anrichten, Nocken von der Crème und Amarena-Kirschen dazugeben, mit Minze und Puderzucker garnieren.

Marinierter Zander vom Grill mit Zucchini und flüssiger Polenta

Für vier Personen: 4 Stück Zanderfilet, 2-3 mittelgroße Zucchini, 2 Knoblauchzehen, 1 Strauß frischer Thymian, 100 g Maisgrießmehl, 200 g Wasser, 200 g Milch, 30 g Butter, Olivenöl, Salz, Pfeffer, Mehl.

So wird's gemacht: Zucchini waschen, längs in Streifen schneiden, halbieren. Zanderfilets salzen und pfeffern, zusammen mit Zucchini, Knoblauchzehen und Thymian mit Olivenöl marinieren. Polenta: Milch, Wasser und Butter zum Kochen bringen. Polentagrieß einrieseln lassen, umrühren, 15 Min köcheln. Grillpfanne erhitzen. Zanderfilets und Zucchini grillen (Gargut nicht zu früh wenden, es soll schöne Grillstreifen bekommen). Polenta in der Mitte des Tellers anrichten, Zucchini und Zander anlegen, mit Olivenöl beträufeln, mit Kräutern garnieren.

Getränkeempfehlung zum Hauptgericht: Ein kräftiger Weißwein (Chardonnay, Pinot Grigio, Süditalien oder Sizilien) oder ein fruchtiger Rotwein.

Hotel-Restaurant Scherer

Besitzer: Martin Scherer
Klosterstr. 3 · 66578 Schiffweiler
Tel. (0 68 21) 6 97 38 · www.hotel-scherer.de
Ruhetage: Sonntagabend, Mittwoch

Klingt doch schön: Das Rosenhotel im Rosenkreis Neunkirchen. Die Rede ist vom Hotel-Restaurant Scherer in Schiffweiler. Martin Scherer führt den familiären Betrieb, unterstützt von seiner Frau Evi und Tochter Franziska (Jahrgang 1996), der „fleißigen Sekretärin", die schon mal das Telefon bedient. Weitere Hilfe ist in Sicht: Sohnemann Matthias, der 2003 das Licht der Welt erblickte.

Langjähriger Küchenchef im Hotel Scherer ist Küchenmeister Alexander Weber. Frische Rosen zieren die Tische im gemütlichen Restaurant (55 Plätze). Hinzu kommt ein Nebenzimmer für 60 und ein großer Saal mit Bühne für bis zu 120 Gäste. Gerichte der internationalen Küche, vor allem Fisch- und Wildspezialitäten, aber auch viele regionale Spezialitäten kommen auf den Tisch. Das reicht von Zanderfilet mit Sahne-Senfkörnersoße über Rinderhüfte in Burgundersoße oder Kalbsrückensteak mit Cognacsoße bis zu Rehmedaillons mit Austernpilzen.

„Wir kochen nach Saison mit wechselnder Tageskarte", erklärt Martin

Scherer, der unter anderem im Landhaus Scherrer in Hamburg gearbeitet hat und dort seine Passion für Fischgerichte entdeckt hat.

Das Hotel verfügt über zehn gepflegte Zimmer und zwei Appartements. Auch außer Haus wird gerne aufgetischt: Der Gourmet-Service liefert Canapées zum Empfang, kalte und warme Büffets oder Menüs nach Wunsch.

Als regionales Menü haben sich Martin Scherer und Alexander Weber drei leckere Gerichte ausgedacht: Kürbis-Kartoffel-Kuchen mit Basilikum-Joghurtsoße, Wildschwein-Roulade mit Aprikosen und Spätburgundersoße und zum Abschluss Buttermilchcrème mit Brombeeren.

Kürbis-Kartoffel-Kuchen mit Basilikum-Joghurtsoße

Für vier Personen: 150 g geriebener Teig oder Blätterteig, 150 g geschälte Kartoffeln, 50 g gelber Kürbis, 50 g gewürfeltes Dörrfleisch, 50 g Schalottenwürfel, 50 g Butter, 150 ml Crème fraîche oder Sahne, 150 ml Joghurt, 1 Bund Basilikum, Salz, weißer Pfeffer, Muskatnuss.

So wird's gemacht: Kuchenform mit Teig auslegen und blind backen (Teig mit Hülsenfrüchten auffüllen, später entfernen). Kartoffeln und Kürbis in Scheiben schneiden. Auf dem Teig die angebratenen Dörrfleisch- und Schalottenwürfel verteilen, Kürbis- und Kartoffelscheiben draufsetzen mit gewürzter Sahne angießen und zirka 15 Minuten bei 180 Grad backen. Aus Joghurt, fein geschnittenem Basilikum und Gewürzen die Soße zubereiten. Kuchen lauwarm servieren.

Wildschwein-Roulade mit Aprikosen und Spätburgundersoße

Für vier Personen: 4 Tranchen aus der Wildschweinoberschale (à 200 g), 8 Scheiben Dörrfleisch, 12 Dörraprikosen, 1 TL Senf, 1 EL Schmalz zum Anbraten, 150 g Zwiebeln, 50 g Karotten, 50 g Sellerie, 50 g Lauch, 100 g Tomatenmark, 0,2 l saarländischer Spätburgunder (Obermosel), 1 l Wildfond, Salz, Pfeffer, Lorbeerblatt, Nelken, Wacholderbeeren.

So wird's gemacht: Rouladenscheiben platt klopfen, mit Senf bestreichen, mit Dörrfleisch und Dörraprikosen füllen, mit Bindfaden binden. Gewürzte Rouladen in Schmalz anbraten, Röstgemüse (gewürfelte Zwiebel, Karotte, Sellerie und Lauch) mitbraten, Tomatenmark dazugeben, mit Wein ablöschen und mit Wildfond auffüllen. Gewürze (Lorbeer, Nelke, Wacholderbeeren) zugeben. Zirka 35-40 Minuten gar schmoren, herausnehmen und mit abgeschmeckter, passierter Soße servieren. Dazu passen Orangenrotkohl und Mehlkneppcher.

Buttermilchcrème mit Brombeeren

Für vier Personen: 500 ml Buttermilch, 1 Vanilleschote, 250 ml flüssige Sahne, 100 g Zucker, 8 Blatt Gelatine, 500 g Brombeeren, 100 ml Läuterzucker (50/50 Wasser und Zucker).

So wird's gemacht: Sahne mit Vanilleschote und Zucker aufkochen, eingeweichte Gelatine zugeben. Im kalten Wasserbad anstocken lassen, Buttermilch dazugeben, in Tassen abkühlen lassen, stürzen und mit Brombeerkompott servieren.

Getränkeempfehlung zum Hauptgericht: Ein fruchtig-eleganter Rotwein (Spätburgunder von der Obermosel oder aus der Pfalz).

Brasserie L'Olivier

Besitzer: Pierre Thomas, Vera Jochum und Lars Omlor
Saarbrücker Straße 171 · 66557 Illingen-Uchtelfangen
Tel. (0 68 25) 49 93 16 · Ruhetag: Montag
Geöffnet ab 17 Uhr

Alles Oliven? Aber ja. „Ganz am Anfang", so erzählt Pierre, „haben wir jedes Gericht mit Oliven zubereitet." Bis auf die Desserts, versteht sich. Das war vor über fünf Jahren. Im März 2000 eröffnete Pierre Thomas, den alle nur Pierre nennen, die Brasserie L'Olivier im Illinger Gemeindeteil Uchtelfangen. Heute leitet ein Trio die Geschicke in dem bei vielen Altersschichten beliebten Restaurant. Pierre hat sich mit Vera Jochum und Lars Omlor zusammen getan. In der Küche stehen zwei junge Leute, beide aus Humes, beide Jahrgang 1983: Sarah Müller und Jens Klaumann.

Die Speisekarte ist größer geworden, so dass es keinen Sinn mehr macht, überall mit Oliven zu arbeiten. Doch zum Auftakt sind die pikanten schwarzen und grünen Früchte auf jeden Fall dabei. Pierre ist 1954 in Straßburg geboren und hat im südfranzösischen Nimes gelebt, deshalb die Liebe zur provençalisch-mediterranen Küche.

Nach zehn Jahren in der Musikkneipe „Zabriskie Point" eröffnete der Gastronom das L'Olivier und fand schnell ein treues Publikum. Leger geht's in dem farbenfrohen Lokal mit den rostrot gestrichenen Wänden und den selbstgemachten Lampen zu.

Die Brasserie bietet 50 Plätze, ebenso die Terrasse, dazu kommt ein Nebenzimmer. Salate und Pasta-Gerichte sind sehr beliebt, Klassiker des Hauses sind Tartine Tapenade (Salatbett mit Toast und Olivenpaste, Schinken und Parmesan) oder Tartine Chèvre Chaud (Salat mit Toast und Ziegenkäse). Außerdem gibt es Pizzen, von Margherita bis Fruits de Mer. Ein paar Fischgerichte (Scampis provençalische Art) und Fleisch runden das Angebot ab: Schweinemedallions in Roquefortsoße zum Beispiel, Steak mit Zwiebeln oder Lammrücken in Thymianjus – alles zu sehr angenehmen Preisen. Und auch bei der kleinen Weinauswahl kommt Freude auf.

Hauptgerichte: 8,50 bis 13,50 Euro · Menü: auf Anfrage.

Parfait mit karamellisierten Ananasstücken

Für vier Personen: 3 Eigelb, 100 g Zucker, 125 ml Milch, Mark von einer halben Vanilleschote, 175 g Sahne, 250 g frische Ananas (Gewicht ohne Schale) oder einheimische Früchte wie Birne oder Pfirsich, 100 g Zucker, einige frische Früchte (Ananas oder Beerenfrüchte), 250 g Erdbeeren.

So wird's gemacht: Eigelb mit Zucker, Milch und Vanillemark im Wasserbad schaumig schlagen („zur Rose" abziehen) und abkühlen lassen. Ananas schälen, 250 Gramm Fruchtfleisch klein würfeln. Zucker in eine heiße Pfanne geben, karamellisieren und die gewürfelten Ananasstücke zugeben. Abkühlen lassen, unter die Eiermasse mischen. Alles in kleine Förmchen füllen und ins Gefrierfach stellen. Erdbeeren pürieren, auf Teller geben, darauf die gefrorenen Parfaits stürzen und mit frischen Früchten dekorieren.

Getränkeempfehlung zum Hauptgericht: Ein körperreicher, würziger Rotwein (Südfrankreich, Rhône).

Warmer Spargelsalat mit Vinaigrette und Kartoffelrösti

Für vier Personen: Spargelsalat: 1 kg Spargel grün oder weiß, 1 Zitrone, 2 Tomaten, 1 Schalotte, 1 Knoblauchzehe, Petersilie, Basilikum. Vinaigrette: Olivenöl, Balsamico-Essig, Salz, Pfeffer; Kartoffelrösti: 4 Kartoffeln, Salz, Pfeffer, Muskat.

So wird's gemacht: Spargel schälen, in Salzwasser mit einem Spritzer Zitronensaft garen. Gewaschene Tomaten, Schalotten und Knoblauch fein würfeln. Kartoffeln schälen, waschen und reiben. Mit Salz, Pfeffer und Muskat würzen. Im heißen Fett ausbacken. Für die Vinaigrette nach Bedarf Olivenöl und Balsamico-Essig mischen, mit Salz und Pfeffer abschmecken. Etwas abgekühlten Spargel auf einem Teller mit den Gemüsewürfeln anrichten. Vinaigrette darüber geben und mit Kartoffelrösti servieren.

Lammrücken im Kartoffelmantel mit Thymianjus

Für vier Personen: 4 Lammrücken-Filets à 200 g, 12 Kartoffeln, Muskat, Salz, Pfeffer, Knoblauch, grobkörniger Senf; Thymianjus: 100 ml Balsamico-Essig, 1 EL Thymianhonig, 0,5 l Lammfond, einige Zweige frischer Thymian, 2 Tomaten, Salz, Pfeffer.

So wird's gemacht: Thymianjus: Balsamico-Essig aufkochen, etwas reduzieren. 1 EL Honig einrühren, mit Lammfond aufgießen. Thymianzweige hinzugeben und warm halten. Tomaten schälen, klein würfeln. Kartoffeln schälen und reiben. Mit Salz, Pfeffer und Muskat würzen. Lamm mit Salz und Pfeffer sparsam würzen, anbraten und mit Senf und Knoblauch bestreichen. Kartoffelmasse um das Fleisch geben und gut andrücken. In einer ofenfesten Pfanne beidseitig anbraten, 5-8 Minuten bei 200 Grad im Ofen garen. Lamm, Tomatenwürfel und Jus schön anrichten. Dazu passen grüne Bohnen.

Der Saarpfalz-Kreis

Homburg ist mit rund 45.000 Einwohnern die drittgrößte Stadt im
Saarland, beherbergt die Medizinische
Fakultät (Universitäts-Kliniken) und
mit Karlsberg die größte Brauerei des
Landes. Beliebt ist der große Floh-
und Antiquitätenmarkt an jedem
ersten Samstag im Monat.

Sehenswert sind der Schlossberg mit
den Ruinen der Hohenburg und den
Schlossberghöhlen (Buntsandstein),
die gerade renoviert werden und
Anfang 2006 wieder eröffnet werden
sollen.

Der Saarpfalz-Kreis reicht von Homburg über Kirkel, Blieskastel und
St. Ingbert bis zum Mandelbachtal.

Im Stadtteil Beeden, an einem idylli-
schen Weiher und den angrenzenden
Wiesen, fühlen sich die Störche zu
Hause.

Außerdem locken das Naherholungs-
gebiet Jägersburger Weiher, das
Römische Freilichtmuseum im
Stadtteil Schwarzenacker sowie das
Saarländische Bergbaumuseum und
der Blumengarten in Bexbach.

Gemütlich präsentiert sich die kleine Barockstadt Blieskastel mit dem Paradeplatz, dem Rathaus und der Schlosskirche.

Auch im „Guiness-Buch der Rekorde" ist Blieskastel vermerkt. Das verdankt die Stadt dem Gollenstein, dem laut Guiness-Buch „größten Menhir des mitteleuropäischen Raumes". Der eindrucksvolle Monolith auf einer Wiese hoch über dem Städtchen misst fast sieben Meter.

Ab Blieskastel kann man das Bliestal mit dem Kanu erkunden oder auf einer flachen Strecke entlang der Blies radeln.

In Blieskastel-Ballweiler sind Demeter-Schäfer Rudolf Schwarz und seine Herdbuchzucht der grauen gehörnten Heidschnucke zu Hause.

Weitere lohnende Ziele sind der schön gelegene Niederwürzbacher Weiher sowie die Burgruine und der Felsenpfad in Kirkel.

Besuchen sollte man das Museum Sankt Ingbert mit der Albert-Weisgerber-Ausstellung, das Besucherbergwerk Rischbachstollen und vor allem auch die „Alte Schmelz", die älteste erhaltene Werkssiedlung in Südwestdeutschland.

St. Ingbert mit der großen Fußgängerzone und dem Stadtpark ist als Einkaufsstadt beliebt und verfügt über gute Restaurants und Kneipen.

Von dem früheren St. Ingberter Eisenwerk sind bedeutende Industriedenkmäler erhalten, unter anderem die Möllerhalle von 1750, das älteste Industriedenkmal des Saarlandes. In einem Teil der Siedlung wohnen heute wieder Menschen und im „Eventhaus" sowie in der Möllerhalle finden Kulturveranstaltungen statt.

Naturliebhaber kommen rund um Gersheim und im Mandelbachtal mit seinen acht Gemeindeteilen auf ihre Kosten. Da lockt der kleine Ortsteil Gräfinthal mit Kloster, Kapelle und Naturbühne, da kann man auf geführten Wanderungen wild wachsende Orchideen bewundern und den Europäischen Kulturpark Bliesbruck-Reinheim mit spektakulären Ausgrabungen besuchen, unter anderem ein keltisches Hügelgrab und ein großes gallo-römisches Dorf.

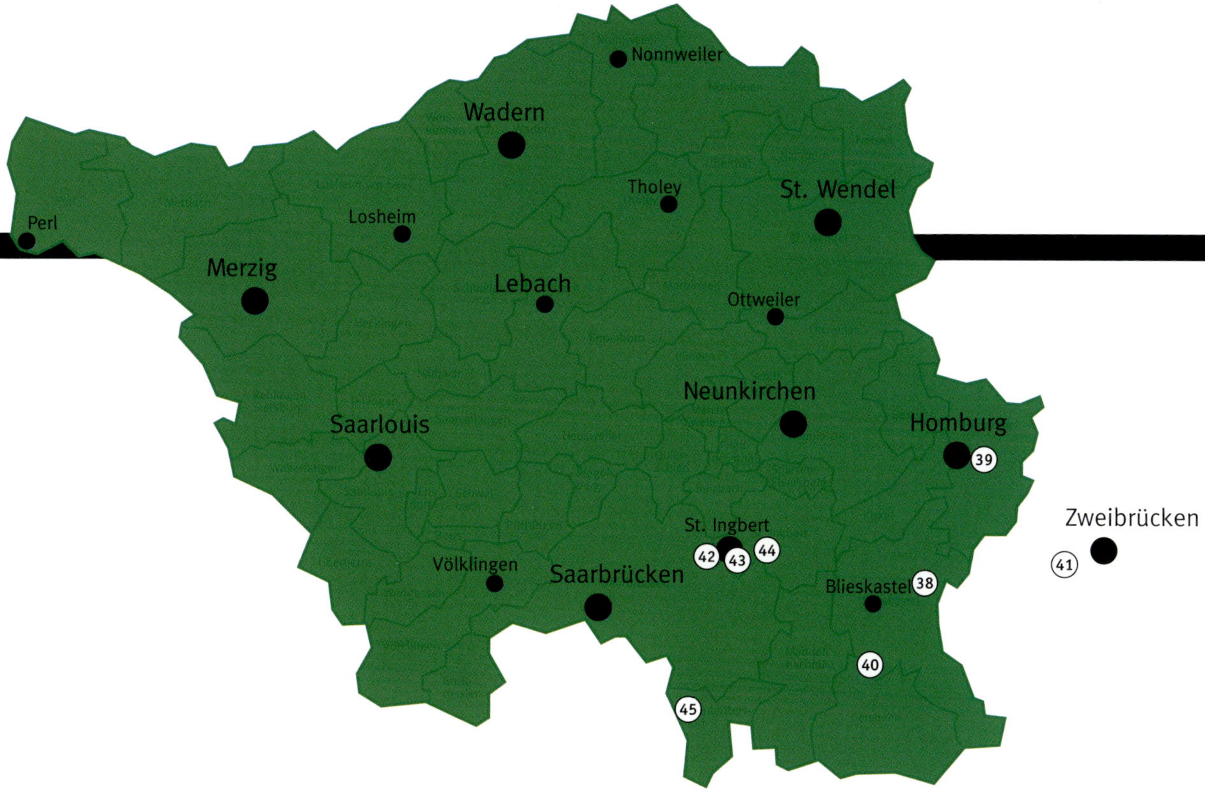

Nonnweiler

Wadern

Tholey

St. Wendel

Perl

Losheim

Merzig

Lebach

Ottweiler

Neunkirchen

Saarlouis

Homburg

39

Zweibrücken

St. Ingbert

42 43 44

41

Völklingen

Saarbrücken

Blieskastel 38

40

45

Restaurants:

Hämmerle's Restaurant

Besitzer: Stephanie und Cliff Hämmerle
Bliestalstr. 110a · 66440 Blieskastel-Webenheim
Tel. (0 68 42) 5 21 42 · www.haemmerles-restaurant.com
Ruhetage: Sonntag, Montagmittag

Ein Familienbetrieb wie aus dem Bilderbuch. Hier ziehen mehrere Generationen an einem Strang. Hämmerle's Restaurant ist ein Vorzeigebetrieb im Saarland, einer der Aufsteiger der letzten Jahre. Ein schmuckes Haus, nach und nach erweitert und renoviert, dazu eine ideenreiche Landhausküche mit Pfiff, ein ebenso fachkundiger wie freundlicher Service und eine gelungene Weinauswahl. Da passt alles zusammen. Cliff Hämmerle (Jahrgang 1970) und seine Frau Stephanie führen den Betrieb im Blieskasteler Stadtteil Webenheim seit 1995. Ein schöner Herd der Uroma ziert den Eingangsbereich und auch innen fühlt man sich gleich wohl. Das gemütliche, freundliche Restaurant mit dem „Weinkeller", dem „Sonnenzimmer" und dem kleinen Wintergarten ist bei Gästen aus nah und fern beliebt, man sollte rechtzeitig vorbestellen.

Küchenchef Cliff Hämmerle setzt stark auf regionale Produkte und verlässliche einheimische Erzeuger, kauft zum Beispiel Lammfleisch und Ziegenkäse aus dem Bliesgau. Das gefällt auch dem renommierten Restaurantführer Michelin, er zeichnet Hämmerle's Restaurant mit einem „Bib Gourmand" für eine gute und preiswerte Regionalküche aus. Hier wird kreativ und mit Liebe zur Sache gearbeitet. Bunte Salate und hausgemachte Pastagerichte stehen auf der Speisekarte, frischer Fisch wie Dorade, Lachs, Zander oder Seewolf, und Fleisch in vielen leckeren Variationen. Dazu regionale Spezialitäten wie der „Saarländische Küchenzauber" mit Gefüllten und Hoorischen sowie vegetarische Gerichte wie Käsespätzle nach Omas Art – alles frisch zubereitet und an der Saison orientiert. Mittags werden günstige Stammessen angeboten. Nach und nach ausgebaut wurde auch die Weinkarte, die Auswahl ist prächtig, die Preise günstig, so soll's sein.

Hauptgerichte: 14 bis 17 Euro · Menüs: 24,50, 28 und 35 Euro.

Bachsaibling auf Kürbisschaum

Für vier Personen: 3 EL Olivenöl, 500 g Muscat-Kürbis, 2 gehackte Schalotten, 500 ml Hühnerbrühe, 100 ml Weißwein, 50 g kalte Butter, Prise Meersalz und Pfeffer, 100 ml Sahne, 2 EL Crème fraîche, 2 Bachsaiblinge, Olivenöl, Salz.

So wird's gemacht: Olivenöl und Schalotten andünsten, gewürfelten Kürbis dazugeben. Mit Weißwein ablöschen, mit Hühnerbrühe auffüllen. Etwas Meersalz und Pfeffer dazugeben, köcheln lassen, bis alles weich ist. Pürieren, Sahne und Crème fraîche hinzufügen, leicht erwärmen, mit kalter Butter schaumig mixen. Saibling filetieren, Filets einschneiden, auf der Hautseite leicht salzen und mehlieren. Auf der Hautseite mit Olivenöl kross anbraten und 2 Minuten im Ofen (180 Grad) garen. Dazu passen Petersilien-Pfifferling-Ravioli.

Lammcarrée in der Bärlauch-Schalottenkruste mit Wiesenkräuter-Nudeln

Für vier Personen: 1 kg Lammrücken mit Knochen, 1 Soßen-Gemüsebündel, 100 g Schalotten, 50 ml Portwein, 500 ml Rotwein, Rosmarin, Thymian und Lorbeer, 50 g kalte Butter, 100 g Bärlauch, 100 g geriebenes Weißbrot vom Vortag, Olivenöl, Salz, Rohrzucker.

So wird's gemacht: Lammrücken auslösen, von den Knochen, dem Soßengemüse, dem Rotwein und einem Teil der Kräuter einen Lammjus aufstellen. Schalotten hacken, mit Portwein und 100 ml Rotwein, etwas Rosmarin, Thymian, Lorbeer und einer Prise Rohrzucker kochen, bis keine Flüssigkeit mehr im Topf vorhanden ist. Kalte Butter einrühren. Geriebenes Weißbrot mit etwas Butter anrösten, salzen und zuckern. Den Lammrücken von beiden Seiten leicht salzen und anbraten. Die Oberseite mit dem Schalottenconfit bestreichen, darauf gehackten Bärlauch und Semmelbrösel geben. 5 bis 6 Minuten bei 180 Grad im Ofen garen. Dazu passen hausgemachte Nudeln mit Wiesenkräutern und Wirsinggemüse.

Crème Brulée aus Ziegenfrischkäse mit Basilikum-Limonen-Sorbet

Für vier Personen: 125 ml Milch, 50 g Zucker, 375 ml Sahne, 6 Eigelb, 100 g Ziegenfrischkäse. Sorbet: 500 g Zucker, 0,5 l Wasser, 6 Limonen, 4 Zitronen, 20 g Basilikum, 20 g Minze.

So wird's gemacht: Milch und Zucker aufkochen, Sahne mit Eigelb verrühren. Milch-Zucker-Masse langsam mit der Eigelb-Sahne verrühren und Ziegenfrischkäse reinbröseln, alles vermischen. Bei 100 Grad eine Stunde im Wasserbad im Ofen garen. Auskühlen lassen und mit braunem Rohrzucker bestreuen. Mit dem Gas-Bunsenbrenner (oder unter dem Grill) abflämmen. Eis: Zucker und Wasser aufkochen, Limonen und Zitronen auspressen, Saft dazugeben, Basilikum und Minze im Mixer zerkleinern, alles mischen und in der Eismaschine fertig stellen.

Getränkeempfehlung zum Hauptgericht: Ein fruchtig-eleganter Rotwein (Spätburgunder, Chianti Classico, Rioja).

Restaurant Petit Château

Besitzer: Rita und Erich Huber
Alte Reichsstraße 4 · 66424 Homburg-Schwarzenbach
Tel. (0 68 41) 1 52 11 · www.petit-chateau.de
Ruhetage: Samstagmittag und Sonntag

Genießen im kleinen Schloss. Bei zwei herzensguten, charmanten Gastgebern. Zwei Gastronomen aus Leidenschaft: Rita und Erich Huber haben sich in Homburg-Schwarzenbach mit dem Restaurant Petit Château einen Traum erfüllt: Ein eigenes Haus mit elegantem Restaurant, Wintergarten, schöner Terrasse und einem kleinen Gästehaus. Eine Adresse zum Genießen und Wohlfühlen. Aufmerksam und sehr herzlich der Service unter Erich Huber, beständig auf hohem Niveau die Küchenleistungen. Klassische französische Küche, mediterrane und regionale Gerichte – Rita Huber und ihr Team verwöhnen die unterschiedlichsten Geschmäcker.

Beliebt bei den vielen treuen Stammkunden sind die Gourmet-Menüs, die zwischen zirka 44 und 58 Euro liegen. Beim Menü „Ihre Auswahl" beispielsweise kann man nach zwei Vorspeisen und einem Sorbet zwischen drei Hauptgerichten wählen. Bei unserem Besuch gab es mit Morcheln gefüllte Schweinelende auf Schnittlauch-Sherry-Soße oder Millesfeuilles von Zander und Spargel an Kerbelsoße oder eine Grill-Variation mit Rinderfilet, Lammkotelett und Gemüse mit Schalottenkonfit.

Erich Huber kümmert sich um die hervorragende Weinauswahl, hat immer empfehlenswerte Gewächse aus Deutschland (Pfalz, Mosel, Baden), Italien, Frankreich oder Kalifornien zu bieten. Für ihr Menü mit originellen Gerichten aus regionalen Produkten hat sich Rita Huber folgendes ausgedacht: Torte von Ziegenfrischkäse mit Zucchini und Paprika, als Hauptgericht Scheiben vom Rehrücken mit Erdbeeren und als Dessert in Rot- und Portwein gedünstete Birnen mit Pfeffer und Lorbeerblättern – ein Augen- und Gaumenschmaus.

Torte von Ziegenfrischkäse mit Zucchini und Paprika

Für vier Personen: Mürbeteig, Hülsenfrüchte zum Blindbacken. Belag: 2 rote Paprikaschoten, 2 Zucchini, 150 g Ziegenfrischkäse, 2 Eier, 150 ml Sahne, 50 g Mandeln, 50 g Semmelbrösel, Salz, Pfeffer, Muskat.

So wird's gemacht: Einen Mürbeteig herstellen. Ein Backblech (24 cm) mit Backpapier auslegen. Mürbeteig ausrollen, Form damit auslegen. Rand 2 cm andrücken. Teig mit Backpapier bedecken, Hülsenfrüchte einfüllen. Im Ofen bei 200 Grad Umluft 20-25 Minuten backen. Teig aus dem Ofen nehmen, leicht abkühlen lassen. Belag: Paprika schälen, vierteln, entkernen. Zucchini putzen, in 2 mm dünne Scheiben schneiden. Mandeln und Semmelbrösel mischen, auf dem Tarteboden verteilen. Darüber den Ziegenfrischkäse verteilen, dann die Paprika. Sahne mit Eiern und Gewürzen mischen und über den Ziegenfrischkäse verteilen. Zucchinischeiben obenauf legen. Tarte bei 170 Grad zirka 40 Minuten backen, etwas abkühlen lassen.

Rehrücken-Filets auf Erdbeersoße mit grünem Pfeffer

Für vier Personen: 800 g Rehrückenfilet, Salz, Pfeffer, 100 ml Rotwein trocken, 50 ml Portwein rot, 30 g grüner Pfeffer, 4 EL Erdnussöl, 200 ml Wildfond, 500 g frische Erdbeeren, 8 geviertelte Erdbeeren, 20 g Zucker.

So wird's gemacht: Rehrücken auf jeder Seite 3 Minuten anbraten. Salzen und pfeffern, mit Portwein und Rotwein ablöschen. Rehrücken aus der Pfanne nehmen und bei 70 Grad im Ofen warm stellen. Port- und Rotwein zur Hälfte einkochen, Wildfond und grünen Pfeffer hinzufügen, 5 Minuten köcheln lassen. Erdbeeren mit Zucker pürieren, zur Soße geben. Rehrücken und geviertelte Erdbeeren in die Soße geben, 2 Minuten köcheln lassen. Rehrücken aus der Pfanne nehmen, in gleichmäßige Tranchen schneiden. Auf vorgeheizten Tellern anrichten, mit Soße umgießen.

Birnen in Rotwein gedünstet

Für vier Personen: 8 Birnen, 400 ml roter Portwein, 600 ml Spätburgunder trocken, Schale einer Zitrone, 2 EL schwarzer Pfeffer im Leinensäckchen, 1 Vanilleschote, 4 Lorbeerblätter, 5 EL Blütenhonig.

So wird's gemacht: Birnen schälen. In einen großen flachen Topf Portwein, Rotwein, Zitronenschale, Vanilleschote, Lorbeerblätter und das Pfeffersäckchen geben, zum Kochen bringen. Honig hinzufügen. Deckel drauf und für 10 Minuten zur Seite stellen. Geschälte Früchte dazu, bei mittlerer Hitze zum Kochen bringen, Hitze reduzieren und 10 Minuten köcheln lassen. Früchte im zugedeckten Topf zwei Stunden abkühlen lassen. Erkaltete Früchte in eine Schale legen, Vanilleschote in Stäbchen schneiden und wie Stiele in die Früchte stecken. Wein auf die Hälfte einkochen lassen und über die Früchte geben. Mit Vanille-Eis servieren.

Getränkeempfehlung zum Hauptgericht:
Ein eleganter Rotwein (Spätburgunder, Rioja, Chianti Classico).

Hotel-Restaurant Hubertushof

Besitzer: Christel und Hans-Georg Born
Kirschendell 32 · 66440 Blieskastel-Niederwürzbach
Tel. (0 68 42) 65 44 · www.hubertushof-born.de
Ruhetag: Dienstagabend

Ein Haus am Waldrand. Mit kleinem Wildgehege. Ein Restaurant mit drei Räumen. Die rustikale Gaststube mit viel Holz bietet 40 Plätze, in der Jagdstube kommen 20 Gäste unter und im Nebenzimmer (70 Sitzplätze) kann man feiern. Außerdem gibt's sechs einfache kleine Fremdenzimmer. Hotel-Restaurant Hubertushof heißt die beliebte Adresse von Hans-Georg Born und seiner Familie in Niederwürzbach.

Die Lage und der Name verraten es schon: Wild spielt in der Hubertushof-Küche eine große Rolle. Es kommt natürlich aus der Region, ebenso wie das Lamm, für das der Bliesgau bekannt ist. Und wo Wald ist, da sind auch Wiesen und Obstbäume und klare Bäche mit Forelle oder Saibling nicht weit. Auch Gemüse und Salate werden in dieser fruchtbaren Gegend angebaut, beste Voraussetzungen also, mit vielen regionalen Produkten zu arbeiten. Das macht Küchenchef Born dann auch, bei der Zubereitung grüßt die klassische französische Küche.

Die Nähe zu Frankreich ist auch bei der Weinauswahl zu spüren. Aber auch mit feinen Tröpfchen aus deutschen Landen kann der Hubertushof dienen.
Küchenchef Hans-Georg Born hat sich ein leckeres Menü mit Bliesgau-Äpfeln ausgedacht. Als Vorspeise reicht er Entenleber-Paté mit Apfelgelee, als Hauptgericht gibt es Medaillons vom Wildschweinrücken mit Apfel-Kräuterkruste, Kastanien-Rotkraut und Kartoffelplätzchen. Und zum Dessert empfiehlt der Hausherr: Zimtparfait mit glacierten Apfelspalten.

Hauptgerichte: 10 bis 20 Euro · Menüs: 19,50 und 33 Euro.

Entenleberpaté mit Apfelgelee und Brioche

Für vier Personen: 200 g frische Entenleber, 100 g Butter, Salz, Pfeffer. Gelee: 200 g Bliesgau-Apfelsaft, 5 Blatt Gelatine. Brioche: 200 g Mehl, 20 g Hefe, 1 cl Milch, 3 Eigelb, 1 Prise Salz, 10 g Zucker, 20 g zerlassene Butter.

So wird's gemacht: Die Entenleber anbraten, mit Salz und Pfeffer würzen, kühlen. Dann mit der Butter in der Küchenmaschine zu einer glatten Masse verarbeiten. Eine passende Form mit Folie auslegen und auffüllen. Kalt stellen. Den Apfelsaft erwärmen. Die ausgedrückte Gelatine zugeben und über die kalte Paté gießen. Brioche: Zutaten zu einem glatten Teig verarbeiten. In eine gebutterte Kastenform füllen und 30 Minuten ruhen lassen. Bei 175 Grad 45 Minuten im Ofen backen.

Medaillons vom Wildschweinrücken mit Apfel-Kräuterkruste und Kastanien-Rotkraut

Für vier Personen: 600 g Wildschweinmedaillons, 50 g frische Kräuter (nach Wahl), 100 g Paniermehl, 20 g Butterflocken, Salz, Pfeffer, 2 mittelgroße Äpfel. Soße: 0,2 l Rotwein, 0,2 l Sahne, 2 EL Crème fraîche. Rotkraut: 500 g Rotkraut, 200 g geschälte Kastanien, 500 ml Apfelsaft, Salz, Pfeffer, Zucker, Wacholderbeeren, 1 Lorbeerblatt.

So wird's gemacht: Medaillons würzen und anbraten, warm stellen. Bratensaft mit Rotwein ablöschen, etwas einkochen. Sahne dazugeben und ebenfalls etwas einkochen. Zum Schluss Crème fraîche einrühren und Soße abschmecken. Für die Kruste das Paniermehl, die geraspelten Äpfel, die Butterflocken und die Kräuter mischen; dann auf die Medaillons verteilen und im Backofen (Grill) überbacken. Für das Rotkraut die Zutaten zusammen in einem Topf gar kochen. Alles auf einem großen Teller schön anrichten.

Zimtparfait mit glacierten Apfelspalten

Für vier Personen: 150 g Zucker, 8 Eigelb, 500 ml geschlagene Sahne, 1 EL Zimt, 4 mittelgroße Äpfel in Spalten, 4 EL Zucker, 2 EL Butter.

So wird's gemacht: Zucker und Eigelb im Wasserbad warm aufschlagen. Auf Eis kalt schlagen. Die Sahne und den Zimt locker unterheben. In eine Form füllen und frieren.
Apfelspalten: Zucker und Butter leicht karamellisieren und die Äpfel zugeben und darin schwenken, bis sie etwas weich sind. Parfait und Äpfel auf einem Teller anrichten und nach Geschmack dekorieren, zum Beispiel mit gehackten Pistazien und Pfefferminzblättchen.

Getränkeempfehlung zum Hauptgericht:
Ein kräftiger, fruchtiger Rotwein (körperreicher Spätburgunder, Bordeaux, Rioja, Toskana).

Romantik-Hotel Landschloss Fasanerie

Besitzer: Roland Zadra
66482 Zweibrücken · Fasanerie 1
Tel. (0 63 32) 97 30 · www.landschloss-fasanerie.de
Ruhetage: Tschifflik: Sonntag, Montag

*Küchenchef
Jörg Glauben*

Ein Gesamtkunstwerk. Eine stolze und liebenswerte Adresse, wo sie keiner vermutet. Am Stadtrand von Zweibrücken, an einer kleinen Landstraße im Wald versteckt sich das Romantik-Hotel Landschloss Fasanerie. Roland Zadra und seine Frau Astrid haben hier, an einem romantischen Ort mit Geschichte und Tradition, ein großzügiges, privat geführtes Anwesen geschaffen.

Ein modernes Hotel mit großem Wellnessbereich. Dazu kommen gleich drei Restaurants: Im barock-eleganten Tschifflik mit den roten Wänden und edlen Ölgemälden werden Feinschmecker verwöhnt, seit fünf Jahren dürfen sich das Tschifflik und Küchenchef Jörg Glauben mit einem Michelin-Stern schmücken.

In der Orangerie im Wintergarten stehen mediterrane Spezialitäten auf der Karte und im gemütlichen Landhaus wird die regionale, rustikale Küche gepflegt. Eine schöne Terrasse und großzügige Banketträume runden das Angebot ab. Alles sehr gepflegt, liebevoll eingerichtet und dekoriert. Da fühlt man sich wohl. Jörg Glauben, gebürtiger Homburger, hat im Parkhotel Adler im Schwarzwald gelernt und nach verschiedenen Stationen, unter anderem auf Schloss Berg in Perl-Nennig und in Luxemburg, in der Fasanerie eine neue Aufgabe gefunden. Und die macht ihm großen Spaß, den Gästen kommt's zugute. Vom bodenständigen Vesperbrett oder dem Kalbstafelspitz im Landhaus über geräucherten Schwertfisch mit Grapefruit oder Kaninchenkeule mit Aprikosen-Brioche in der Orangerie bis zu Gaumenfreuden wie Dreierlei Gänseleber oder Taubenbrust in Sesam-Honigkruste im Tschifflik reicht das Angebot - einfach Klasse.

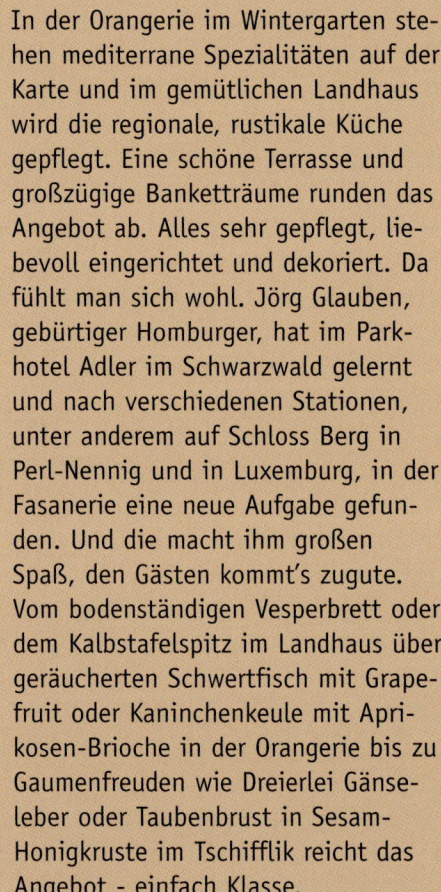

Hecht-Spinat-Savarin mit Krebsen und Pfifferlingen

Für vier Personen: 150 g Hechtfleisch (fein gewürfelt), Salz, Pfeffer, etwas Zitrone, 120 g Sahne, 100 g Spinat blanchiert und püriert, 200 g Pfifferlinge, 20 Krebse. Für die Court-Bouillon (Brühe): Karotten, Lauch, Sellerie, Zwiebeln, Lorbeer.

So wird's gemacht: Aus Hechtfleisch, Salz, Pfeffer, etwas Zitrone und Sahne in der Küchenmaschine eine Farce herstellen (alle Zutaten kühl verarbeiten). 2 EL Püree aus blanchiertem Spinat zugeben, alles durch ein Sieb streichen und in 4 ausgebutterte Savarin-Förmchen (oder Espressotassen) füllen, im Wasserbad im Ofen (mit Klarsichtfolie abgedeckt) pochieren. Eine Court-Bouillon (Karotten, Lauch, Sellerie, Zwiebeln, Lorbeer, Pfeffer, Salz und Wasser) kochen, die Krebse 3 Minuten darin ziehen lassen. Krebse auslösen, aus den Karkassen eine Krebssoße herstellen. Aus den Krebsschwänzen den Darm entfernen

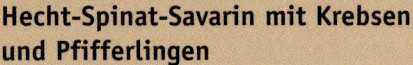

und in einem tiefen Teller zusammen mit dem Savarin und gebratenen, kleinen Pfifferlingen anrichten. Mit der Krebssoße umgießen und mit einer Krebsnase garnieren.

Lammhaxe in Rotwein geschmort

Für vier Personen: 4 Lammhaxen, 1 Flasche kräftiger Rotwein (zum Beispiel aus der Pfalz), 200 g gewürfelte Zwiebeln, 150 g gewürfelte Tomatenfilets; 4 geschälte Knoblauchzehen, 1 Karotte, 1 Stange Lauch, ein Achtel Sellerieknolle (alles geputzt und fein gewürfelt); Saft und fein geriebene Schale von 1 Orange, 4 Scheiben Bauchspeck (mit etwas Rosmarin kross gebraten), Salz, Pfeffer, Rosmarin, Thymian, 2 Lorbeerblätter.

So wird's gemacht: Lammhaxen salzen und pfeffern, in einen Schmortopf legen. Alle Zutaten (bis auf den Speck) zugeben, mit dem Rotwein begießen. Drei Stunden marinieren. Topf verschließen, alles im Ofen bei 200 Grad 100 Minuten schmoren. Fleisch aus dem Topf nehmen, ebenso Thymian, Lorbeer und Rosmarin. Fond um ein Drittel einkochen, zusammen mit dem geschmorten Gemüse zu einer sämigen Soße pürieren. Haxen in der Soße erwärmen. Mit in Butter geschwenkten dicken Bohnen und im Ofen mit Thymian und Olivenöl geschmorten Kirschtomaten sowie dem knusprigen Speck anrichten.

Croque Monsieur mit Ziegenkäse gefüllt und Mirabellenconfit

Für vier Personen: 8 Scheiben Brioche, 120 g Ziegenfrischkäse, 1 Eigelb, Salz, Pfeffer, Zucker, Honig, Thymian, Semmelbrösel, geklärte Butter oder Butterschmalz, 20 Mirabellen, etwas Weißwein, etwas alter Balsamico, 1 kleine Fenchelknolle.

So wird's gemacht: Pro Person 2 Scheiben Brioche rund ausstechen. Ziegenfrischkäse mit Eigelb, Salz, Pfeffer, Zucker, Honig, Thymian sowie

geriebenen Semmelbröseln (ohne Rinde) zu einer homogenen Masse verarbeiten. Einen Esslöffel der Masse auf eine Briochescheibe setzen, mit der anderen abdecken, gut zusammendrücken, mit einer Ei-Sahnemischung befeuchten, in Semmelbröseln (ohne Rinde) panieren und rund formen. In geklärter Butter goldbraun ausbacken. 5 Mirabellen pro Person entkernen, mit der restlichen Masse füllen, zusammendrücken, panieren, goldbraun ausbacken. Zucker karamellisieren, mit Weißwein und altem Balsamico ablöschen, mit einem Thymianzweig um 2/3 einkochen. Fein geschnittene, blanchierte Fenchelwürfel und halbierte Mirabellen darin garen, mit Butter binden. Leicht pfeffern. Croque Monsieur auf dem Mirabellenconfit anrichten, mit gefüllten Mirabellen umlegen und mit Balsamico beträufeln.

Getränkeempfehlung zum Hauptgericht: Ein kräftiger Rotwein (Spätburgunder aus der Pfalz oder aus Baden, Piemont, Süditalien, Südfrankreich oder Ribera Del Duero).

Bistro Krempels

Besitzer: Peter Potdevin
Seyenstr. 34 · 66386 St. Ingbert
Tel. (0 68 94) 8 03 94
Di-Sa: ab 18 Uhr · Ruhetage: Sonntag, Montag

Die St. Ingberter Gastronomie-Szene blüht. Mit der Alten Brauerei und dem Sengscheider Hof sind zwei gute alte Bekannte in diesem Buch vertreten. Und jetzt kommt ein weiteres schönes Pflänzchen hinzu: Das Bistro Krempels in der Seyenstraße. Hier hat Peter Potdevin eine neue Heimat gefunden, nach Stationen im Gutshof Junkerwald am Niederwürzbacher Weiher und im Hotel Goldener Stern in St. Ingbert.

Potdevin kauft ein, kocht, sperrt um 18 Uhr den Laden auf und meistens nach Mitternacht wieder zu. Mit seinem kleinen Team bietet er zu zivilen Preisen eine mediterran und regional beeinflusste Saisonküche an. Auf Schnickschnack wird verzichtet, was auf die Teller kommt ist frisch und schmeckt. Hähnchenschenkel in Kräutern gebraten mit Salat, Fisch direkt vom Markt, zum Beispiel Dorade oder Riesengarnelen, Tafelspitz oder Lammhüfte, außerdem Salate und Nudelgerichte.

Weinfreunde sind hier ebenfalls richtig, Peter Potdevin hält ein schönes Angebot an offenen und an Flaschenweinen bereit, auch hier stimmen die Preise. Das Lokal präsentiert sich urig, gemütlich, macht mit allerlei Krempel seinem Namen alle Ehre und ist bei unterschiedlichen Altersschichten beliebt. Das lockere Ambiente und die familiäre Atmosphäre machen's. Drinnen gibt's 40 Plätze und bei schönem Wetter kann man draußen unter Bäumen sitzen.

Hauptgerichte: 8,50 bis 16 Euro · Menüs auf Anfrage.

Lauwarmer Spargel-Bohnen-Salat mit Fischfilet und Flusskrebsen

Für vier Personen: 600 g weißer Spargel, 250 g grüne Bohnen, 2 große Fischfilets (Zander), 200 g ausgelöste Flusskrebse, Radieschen, Tomaten, Basilikum, 1 Schalotte, 3 EL Olivenöl, 2 EL Rotweinessig, Salz, Pfeffer.

So wird's gemacht: Spargel und Bohnen putzen und bissfest kochen. Mit geschnittenen Radieschen, Tomaten, Basilikum und fein geschnittener Schalotte in eine Schüssel geben, mit Salz und Pfeffer würzen und mit Olivenöl und Rotweinessig abschmecken. Auf vier warme Teller geben, in Butter geschwenkte Flusskrebse darüber verteilen. Fischfilets halbieren, in Olivenöl braten und auf die Salate legen. Etwas frisch gehobelten Parmesan darüber streuen.

Gefüllte Poulardenbrust mit Pilzragout im Eierpfannkuchen

Für vier Personen: 4 Poulardenbrüste à 180 g, etwas Putenfleisch für die Farce, 2 EL Sonnenblumenöl, 1 kg gemischte Pilze, 2 EL Butter, 2 Eier, Milch, Mehl, gehackte Kräuter, 2 EL Butterschmalz, Salz, Pfeffer.

So wird's gemacht: Aus Milch, Eiern und Mehl einen glatten Pfannkuchenteig herstellen, mit Salz und Pfeffer abschmecken, gehackte Kräuter hineinstreuen. In Butterschmalz 4 gleich große Pfannkuchen backen. Aus dem Putenfleisch mit etwas Sahne und Eiweiß in der Küchenmaschine eine Farce herstellen, abschmecken, ein paar gehackte Kräuter und Pilze unterheben. Poulardenbrüste längs aufschneiden, mit der Farce füllen und in einer Pfanne anbraten. Im Backofen bei 180 Grad zirka 10-12 Minuten fertig garen. Mischpilze mit Speck und Zwiebeln in Butter anbraten, Sahne dazugeben, etwas einreduzieren lassen und das Ganze in die Eierpfannkuchen füllen. Auf vorgewärmte Teller setzen, Poulardenbrüste einmal durchschneiden und an die Pfannkuchen legen. Mit Kresse oder gehackter Petersilie garnieren.

Mamas Apfelkuchen mit Vanille-Eis

Für vier Personen: 300 g Zucker, 100 g Mehl, 100 g Butter, 1 Päckchen Vanillezucker, halbes Päckchen Backpulver, 2 Eier, 100 g Milch, 4 Äpfel, Pinienkerne.

So wird's gemacht: Zutaten zu einem glatten Teig verrühren, Butter flüssig unter den Teig ziehen. Äpfel schälen und in Spalten schneiden. Zusammen mit den Pinienkernen unter den Teig heben. In eine flache Kuchenform füllen, am besten mit Backpapier, und im Ofen bei 175 Grad zirka 45 Minuten backen. Lauwarm servieren, dazu gibt es Vanille-Eis oder Vanille-Soße.

Getränkeempfehlung zum Hauptgericht: Ein fülliger Weißwein (Grauburgunder, Riesling Spätlese, Süditalien) oder ein fruchtiger, leichter Rotwein (Spätburgunder).

Toussaint's Gourmetrestaurant im Sengscheider Hof

Besitzer und Küchenchef: Axel Toussaint
Zum Ensheimer Gelösch 30 · 66386 St. Ingbert-Sengscheid
Tel. (0 68 94) 98 20 · www.sengscheiderhof.de
Ruhetage: Samstagmittag, Sonntagabend, Montag

Ein elegantes Gourmet-Restaurant, eine gemütliche rustikale Stube und ein prächtiger Platz zum Genießen im Freien. Moderne, individuell eingerichtete Zimmer, eine anspruchsvolle Wellness-Landschaft und ein kleiner Garten mit Pool. Und das alles unter einem Dach, in einem familiär geführten Haus? Doch, das gibt's. In St. Ingbert-Sengscheid. Zwar nicht unter einem, sondern unter mehreren Dächern, aber auf 4.500 Quadratmetern in ruhiger Lage und mit bester Verkehrsanbindung: Der Sengscheider Hof von Axel Toussaint.

Hummercrèmesuppe, Jakobsmuscheln an Safransoße, Riesengarnelen im Nudelnest, Rinderfilet in Trüffelsoße und Orangencrêpe gefüllt mit Grand Marnier-Crème: das ist Toussaints Welt. Der Inhaber und Küchenchef kennt sich in der Gourmetküche bestens aus, reichert sie mit einer Prise Italien oder Südfrankreich an und hat auch ein Händchen für regionale Spezialitäten. Was der Hausherr aus einer Forelle auf den Teller zaubert, muss man gesehen und probiert haben. Ebenso seine Rinderroulade. Die Kreationen von Toussaint und seinem Team kann man im Gourmetrestaurant im Stammhaus, in der Franziska-Stube im Neubau oder unter einer gut 150 Jahre alten Linde und mächtigen Kastanienbäumen im Freien genießen.

Der hervorragende Service lässt keine Wünsche offen, die Weinkarte ist mit Sorgfalt zusammengestellt und bietet eine große Auswahl zu fairen Preisen. Wenn man nach den vielfältigen Genüssen nicht mehr ins Auto steigen möchte: insgesamt 50 Zimmer stehen zur Verfügung. Axel Toussaint hat aus einem Ausflugslokal eine beliebte und großzügige Feinschmecker-Adresse mit einladendem Hotel gemacht, alle Achtung.

Hauptgerichte: 22 bis 26 Euro · Menüs: 29, 43 und 50 Euro.

Zopf vom Forellen-Filet mit Rucola, Frisée und Gänseblümchen

Für vier Personen: 4 Forellenfilets (enthäutet und entgrätet), Schnittlauch, etwas Butter, Rucola, Frisée und Gänseblümchen, 1 EL Distelöl, 1 EL dunkler Balsamico-Essig, 1 TL Sherry-Essig, Salz, Pfeffer.

So wird's gemacht: Forellenfilets längs zum Ende zweimal einschneiden, ohne die Filets zu durchtrennen. Die drei Streifen zu einem Zopf flechten, beide Enden mit Schnittlauch binden. Auf ein leicht gebuttertes und gesalzenes Blech legen und bei Oberhitze ein paar Minuten garen. Rucola, Frisée und Gänseblümchen mischen, mit Öl, Balsamico, Sherry-Essig, Salz und Pfeffer marinieren. Salat auf einem Teller anrichten, den Forellenzopf daraufsetzen.

Rinderrouladen mit Bärlauch gefüllt auf Kartoffelpüree

Für vier Personen: 4 Rouladen, 4 TL mittelscharfer Senf, 20 Bärlauchblätter, Salz, Pfeffer, 2 Schalotten, in feine Scheiben geschnitten. Püree: 350 g mehlig kochende Kartoffeln, 30 g Butter, 100 ml Sahne, Salz.

So wird's gemacht: Rouladen mit Salz und Pfeffer würzen. Mit je einem TL Senf bestreichen und mit jeweils fünf Bärlauchblättern und einer halben, in feine Scheiben geschnittenen Schalotte belegen. Rouladen einrollen, zusammenbinden und anbraten. Mit etwas Wasser auffüllen und langsam garen. Püree: Kartoffeln schälen, 20 Minuten kochen. Durch eine Kartoffelpresse in einen kleinen Topf drücken. Püree mit Butter und Sahne bei mittlerer Hitze cremig rühren. Mit Salz abschmecken. Rouladen und Püree auf flachen Tellern schön anrichten. Dazu passt Tomatengemüse.

Kirschauflauf mit Sauerkirsch-Eis

Für vier Personen: 300 g Kirschen, 80 g Mehl, 150 g Zucker, 4 Eier, halbe Vanilleschote, 30 g Vanillezucker, 350 ml Milch, Butter für die Förmchen. Eis: 750 g Kirschen, 200 g Zucker, 0,2 l Wasser, 1 cl Kirschwasser.

So wird's gemacht: Mehl sieben, mit Zucker, Vanillezucker, dem ausgeschabten Vanillemark und Eiern zu einem glatten Teig verrühren. Kirschen in gebutterten Soufflé-Förmchen verteilen. Mit der Masse auffüllen. Bei 170 Grad zirka zehn Minuten backen. Mit Puderzucker bestäuben. Eis: Kirschen entsteinen, mit Zucker und Wasser aufkochen, mixen und passieren. Kirschwasser dazugeben, abkühlen lassen und in der Eismaschine frieren. Auflauf und Eis schön zusammen anrichten.

Getränkeempfehlung zum Hauptgericht: Ein kräftiger Rotwein (körperreicher Spätburgunder, Rhône, Südfrankreich, Süditalien, Ribera Del Duero) oder ein frisch gezapftes Pils.

Hotel-Restaurant Die Alte Brauerei

Besitzer: Eric und Isabelle Dauphin
Kaiserstraße 101 · 66386 St. Ingbert
Tel. 0 68 94/92 86-0 · www.DieAlteBrauerei.com
Ruhetage: Samstagmittag und Dienstag

Hier haben die Brüder Becker 1877 ihr erstes Bier gebraut. Hier haben Essen und Trinken Tradition. Hier lädt heute ein schönes Restaurant zum Besuch: Die Alte Brauerei in St. Ingbert. Das französische Gastronomen-Ehepaar Eric und Isabelle Dauphin bietet seinen Gästen eine gehobene Küche mit starkem regionalem Einschlag an. Das historische Ensemble findet man in der St. Ingberter Kaiserstraße, nahe der Fußgängerzone, von der gemütlichen Gartenterrasse aus liegt einem der Stadtpark zu Füßen.

Eine rustikale Holzbalkendecke und das große Bild „Die Bauernhochzeit" (eine Kopie des berühmten Bildes von Jan Breughel dem Älteren) prägen das Restaurant mit den geschmackvoll eingedeckten Tischen. Hier finden 80 Gäste Platz, im Sudhaus, einem originellen Nebenraum, weitere 30. Die Küche von Eric Dauphin und seinem Team wird seit Jahren vom Restaurantführer „Michelin" mit dem roten „Bib Gourmand"-Männchen ausgezeichnet, das für „sorgfältig zubereitete, preiswerte Speisen" steht.

Die Gäste dürfen sich auf gehobene französische Küche und regionale Spezialitäten freuen – oder beides kombiniert. Eric Dauphin empfiehlt zum Beispiel Rinderfilet mit Sellerie gratiniert, dazu gibt's ein Soufflé von Ziegenfrischkäse. Oder gebratenen Wolfsbarsch und Jakobsmuscheln auf Blattspinat.
In sechs gemütlichen Zimmern mit individueller Handschrift kann man übernachten, zum Beispiel in der „Kornkammer", im „Mälzer"- und „Braumeister"-Zimmer oder in der „Kutscher-Suite". Möbel und Bilder in den Hotelzimmern und Gasträumen hat die saarländische Künstlerin Margret Lafontaine ausgesucht. In ihrer Galerie mit Atelier im Innenhof kann man Ausstellungen nationaler und internationaler Künstler sehen.

Hauptgerichte: 14 bis 19,50 Euro · Menü: um 30 Euro.

Saltimbocca von der Kalbsleber

Für vier Personen: 400 g Kalbsleber, in 12 Streifen geschnitten, 12 dünne Scheiben feiner luftgetrockneter Schinken, 12 Salbeiblätter, 2-3 EL Olivenöl, Salz, Pfeffer.

So wird's gemacht: Kalbsleber salzen und pfeffern, je eine Scheibe Kalbsleber in Salbei und Parmaschinken einwickeln und mit einem Zahnstocher befestigen. In Olivenöl zirka zehn Minuten zart braten. Dazu passt ein frischer bunter Salat.

Kalbshaxe in Orangensoße

Für vier Personen: 2 Kalbshaxen (Hinterhaxe), halbe Zwiebel, 1 Karotte, 100 g Sellerie, 1 Orange, 0,25 l Orangensaft, 0,5 l Weißwein, 1 l Geflügelbrühe, 100 g Tomatenmark, 100 g Mehl.

So wird's gemacht: Kalbshaxen, klein gehackte Zwiebeln, Karotten und Sellerie anbraten, nach 15 Minuten Tomatenmark und Mehl dazugeben. Mit Weißwein und Geflügelbrühe ablöschen. Die Orange in Scheiben schneiden und dazugeben, Salzen und pfeffern. 1 Stunde kochen lassen. Die Haxe herausnehmen und die Soße abpassieren. Dazu gibt es frisches Gemüse und in Butter geschwenkte Schupfnudeln.

Safran-Crème-Caramel mit gebratenen Mini Bananen

Für vier Personen: 250 g Zucker (200 g und 50 g), 30 g Wasser, 20 g Rum, 4 g Safranfäden, 200 g Kokosmilch, 30 g Milch, 2 Eier, 1 Eigelb, 100 g Kokosmilch, 80 g Ananassaft, 4 Eigelb, 50 g Rum, 8 Mini-Bananen.

So wird's gemacht: 200 g Zucker karamellisieren. In acht Timbaleförmchen gießen, auf den noch warmen Karamell etwas Safran geben. Danach die Kokosmilch mit Milch zusammen aufkochen. Ei, Eigelb und Zucker schaumig aufschlagen und die kochende Milch dazugeben. In die Förmchen gießen und im Wasserbad bei 150 Grad 25 Minuten im Backofen garen. Kokosmilch mit Ananassaft aufkochen, Eigelb und Zucker schaumig schlagen, die kochende Milch auf die Eier gießen. Zur Rose abziehen und einen guten Schuss weißen Rum dazugeben. Mini-Bananen in Butter zart anbraten.

Getränkeempfehlung zum Hauptgericht:
Ein fruchtiger, leichter Rotwein (Spätburgunder, Chianti Classico, Fleurie), ein kräftiger Weißwein (Grauburgunder, Chardonnay) oder ein frisch gezapftes Pils.

Restaurant Gräfinthaler Hof

Besitzer: Jörg und Miriam Künzer
63999 Mandelbachtal
Tel. (0 68 04) 9 11 00 · www.graefinthaler-hof.de
Ruhetag: Montag

Es ist immer wieder eine Freude, dieses Haus zu besuchen. Wegen der schönen Lage, wegen des gepflegten Anwesens mit Restaurant, Wintergarten und Terrasse und wegen der familiären Atmosphäre. Zudem wird man hier stets freundlich und kompetent bedient. Was will man mehr? Klar, gut essen und trinken. Und dafür sorgen Jörg und Miriam Künzer mit ihren Teams im Gräfinthaler Hof bei Bliesmengen-Bolchen in bester Manier. Die beliebte Gastronomie-Adresse nahe der Naturbühne Gräfinthal wird von Familie Künzer in vierter Generation geführt. Ausflügler kommen hier ebenso gerne her wie Freunde gehobener Küche. Hier kann man unter dem großen Kastanienbaum nachmittags ein Stück Kuchen essen oder abends im gemütlichen Restaurant oder im großen Wintergarten regionale Küche oder ein Feinschmecker-Menü genießen.

In der warmen Jahreszeit gibt es den ganzen Tag über rustikale Kleinigkeiten wie Sülze, Blut- und Leberwurst aus eigener Herstellung, Schinkenbrot, Salatplatte oder Tortellini in Schinkensahne-Soße. Die Standardkarte bietet zum Beispiel Tomatencrèmesuppe mit Mozzarella-Krustinis, Flusskrebsschwänze in Cocktailsoße, gefüllte Mini-Paprika mit Ziegenfrischkäse und Oliven, Heilbuttfilet mit Krebsbuttersoße, zartes Kalbsrückensteak mit feiner Steinpilz-Rahmsoße oder Lammcarrée in Bärlauchkruste auf Rotweinschalottensoße. Und freitags, samstags und sonntags ab 18 Uhr wird über offenem Buchenfeuer gegrillt. Das Fleisch ist von sehr guter Qualität, Lamm bezieht Küchenmeister Jörg Künzer (Jahrgang 1971) aus dem Bliesgau – hervorragend!

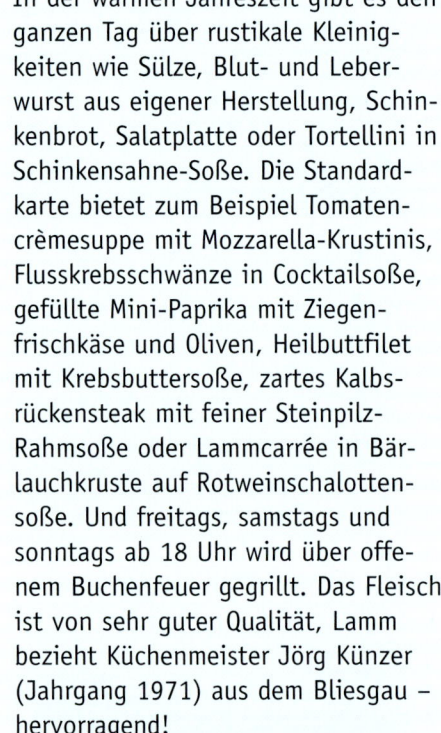

Gemüseterrine mit frischem Ziegenkäse

Für vier Personen: 100 g Auberginen, 200 g Zucchini, 75 g rote Paprika, Salz, frische Kräuter: Bohnenkraut, Thymian, Rosmarin (alles fein gehackt); 1 dl Olivenöl, 200 g Tomaten, 75 g Artischocken, 150 g Ziegenkäse, 40 g Butter, 50 g Crème fraîche, Salz, Cayenne Pfeffer, 50 g große Spinatblätter.

So wird's gemacht: Gemüse der Länge nach in zirka Fünf-Zentimeter-Stücke schneiden, mit Salz, gehackten Kräutern und Olivenöl marinieren, ziehen lassen. In Olivenöl andünsten. Tomaten enthäuten, entkernen, Fruchtfleisch in Streifen schneiden, mit den gekochten, in Scheiben geschnittenen Artischocken auf einem Tuch abtropfen lassen. Ziegenkäse im Mixer pürieren, weiche Butter dazugeben. Crème fraîche aufschlagen, unter die Käsemasse heben, mit Salz und

Cayennepfeffer würzen. Käse in einen Spritzbeutel mit flacher Tülle füllen. Eine Terrinenform mit den blanchierten Spinatblättern auskleiden, eine dünne Schicht Käsecrème auf den Boden der Form spritzen, darauf eine Schicht der gedünsteten Gemüse legen, mit Käse bedecken, darauf wieder eine Gemüseschicht geben und so weiter, bis die Form gefüllt ist. Terrine vier Stunden im Kühlschrank zugedeckt ruhen lassen. Dazu passt grüne Kräutersoße.

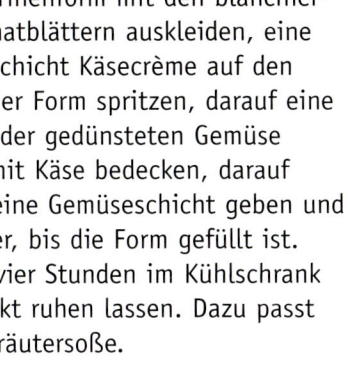

Lammrücken in Kräuter-Senf-Kruste

Für vier Personen: 1 ausgebeinter Lammrücken (zirka 700 g), je ein halber Bund Kerbel, Basilikum und Thymian, 1 Zweig Rosmarin, 250 g Weißbrotbrösel, ein halber TL Knoblauchpulver, 2-3 EL Öl, 4 EL Butter.

So wird's gemacht: Kräuter klein hacken, mit Bröseln und Knoblauchpulver mischen. Lammrücken salzen und pfeffern, in heißem Öl von allen Seiten scharf anbraten und auskühlen lassen. Abgekühlten Lammrücken mit Senf bestreichen, die Kräuter-Bröselmischung als Kruste darübergeben und mit flüssiger Butter beträufeln. Im vorgeheizten Backofen bei 220 Grad 12-15 Minuten garen, herausnehmen, 10 Minuten ruhen lassen. In Scheiben schneiden und anrichten. Dazu gibt es Rotwein-Schalottensoße und Ratatouille.

Holunder-Maultaschen mit Birnenkompott

Für vier Personen: 350 g gewaschene Holunderbeeren, 40 g Gelierzucker, 2 reife entsteinte Zwetschgen, je eine halbe unbehandelte Zitrone und Orange, halbe Zimtstange.

Maultaschen: 350 g Magerquark, 25 g warme Butter, 2 Eier, Saft und Schale von einer halben unbehandelten Zitrone, Salz.

So wird's gemacht: Hälfte der Holunderbeeren mit Gelierzucker, Zwetschgen, Zitronen- und Orangenschale sowie der Zimtstange bei geringer Hitze zugedeckt 10-15 Minuten ziehen lassen. Sieb mit einem Tuch auslegen, Masse hineingießen, Saft auffangen, Früchte mit dem Tuch ausdrücken. Übrige Holunderbeeren im Saft weich dünsten, für 2 Stunden in den Kühlschrank stellen. Aus ausgedrücktem Quark, Butter, Eiern und den anderen Zutaten eine Masse rühren. 30 Minuten ruhen lassen, durchrühren. Knödel formen (80 g), flachdrücken, so dass Scheiben von 12 cm im Durchmesser entstehen. Je 1 EL der abgekühlten Holunderbeermasse in die Mitte der Quarkteigscheiben geben. Quarkteig zusammenklappen (halbmondförmige Maultasche), Teigränder zusammendrücken. In leicht gesalzenes kochendes Wasser geben und 5-6 Minuten gar ziehen lassen. In Butterbröseln mit Zimt und Zucker wenden und auf Tellern anrichten. Dazu passt lauwarmes Birnenkompott.

Getränkeempfehlung zum Hauptgericht: Ein kräftiger Rotwein (körperreicher Spätburgunder, Rhône, Südfrankreich, Piemont, Navarra).

Günter Ginsbach

Er ist mehr als nur ein begeisterter Hobbykoch. Heinz Günter Ginsbach (Jahrgang 1954), der als Silomeister bei der Raiffeisen-Waren-Zentrale Merzig arbeitet, leitet seit über fünf Jahren Kochkurse bei der Volkshochschule Merzig.

Getränkeempfehlung:
Ein Glas Viez oder
ein gehaltvoller
Weißwein (Grauburgunder, Riesling
Spätlese trocken).

„Das sind sechs Kurse pro Jahr, sehr begehrt ist beispielsweise Kochen für die Feiertage", erzählt der Merziger, der auch gerne malt. Als Silomeister nimmt er Getreide an, pflegt und verarbeitet es. Als Hobbykoch stöbert er gerne in seinen Büchern rund ums Thema Essen und Trinken.

„Rund 300 Bücher sind das inzwischen – und es werden wöchentlich mehr." Auch er selbst hat schon ein Kochbuch verfasst: „Das RWZ Kartoffelbuch" – es wurde bereits in der Beilage „treff.region" der Saarbrücker Zeitung vorgestellt. Für den Rezeptwettbewerb „Das Saarland kocht" hat sich Heinz Günter Ginsbach eine regionale Suppe einfallen lassen: Apfelschaumsuppe mit Viez aus seiner Heimat, sehr lecker.

Apfelschaumsuppe mit Räucherlachs

Für vier Personen: 5 Zwiebeln, 5 Knoblauchzehen, 2 Äpfel, 0,5 l Hühnerbrühe, 0,5 l Viez, 0,4 l Sahne, 200 g Räucherlachs, Zitronensaft, 1 Bund Dill, 250 g Butter, 2 Scheiben Toastbrot.

So wird's gemacht: Zwiebeln und geschälte Äpfel fein würfeln und mit dem gepressten Knoblauch in Butter andünsten. Mit Brühe und Viez aufgießen und zehn Minuten köcheln lassen. Die Sahne zugeben und die Suppe pürieren. Räucherlachs in feine Streifen schneiden. Dill feinhacken. Die Suppe mit Salz, Pfeffer und Zitronensaft abschmecken. Suppe in die Teller geben, frisch geröstetes Toastbrot-Dreieck darauf setzen und mit Lachsstreifen belegen. Zum Schluss mit Dill bestreuen.

Gudrun Herz

„Wir probieren gerne aus, sind immer für neue Sachen offen", erklärt Gudrun Herz aus Nohfelden-Walhausen.

Ihr Mann Gerd schenkt ein Schlückchen Barolo nach. Der Tisch ist schön eingedeckt, wir genießen den „Heubraten". Auch Töchterchen Anna lässt es sich schmecken. „Beim Urlaub an der Nordsee haben wir das Gericht kennen gelernt: Lammkeule im Heu gegart", erzählt Gudrun Herz (Jahrgang 1961).

Zu Hause hat die gelernte Restaurantmeisterin das gleich ausprobiert. Das Lamm stammt von Bauernhöfen aus der Region, dort kauft Familie Herz auch Rind- oder Schweinefleisch. Wild liefern die einheimischen Jäger, so lässt sich's leben. Das Heu kommt vom Bauern nebenan. Alles Bio, das schmeckt man.

Kochen ist das Hobby von Gudrun Herz: „Soßen, Süppchen, die passenden Weine zum Essen aussuchen." Sie arbeitet im Bistro Wendelin von Alexander und Anke Kunz in St. Wendel am Schlossplatz: „Das macht Spaß, wir sind ein gutes Team." Als Vorspeise gibt es eine Kartoffel-Lauchsuppe, als Dessert Marzipanküchlein auf Pflaumenkompott. Was für ein Genuss.

Lamm-Heubraten

Für vier Personen: 1 küchenfertige, ausgebeinte Lammkeule, Salz, Pfeffer, 2 Knoblauchzehen, je 1 EL Pfefferminze, Majoran, Rosmarin, Thymian, feingeriebene Schale einer Zitrone, 4 EL Olivenöl, 4 cl Cognac, 1 Tüte Heu vom Bauern.

So wird's gemacht: Lammkeule salzen und pfeffern. In einer großen Pfanne in etwas Öl kräftig anbraten. Knoblauchzehen fein hacken und mit Salz zerreiben. Mit den Gewürzen und Öl zu einer Marinade rühren. Den Cognac unterziehen und die Keule damit bestreichen. Im Backofen bei 180 Grad etwa 25 Minuten braten, dabei mehrmals wenden. Eine Kasserole mit Heu auslegen und den halbgaren Braten darin einpacken und weitere 20 Minuten garen. Dazu gibt es Kartoffel-Pimento-Nocken und grünen Salat sowie einen kräftigen Rotwein.

Getränkeempfehlung:
Ein kräftiger, gehaltvoller Rotwein, zum Beispiel ein Barolo aus dem Piemont.

Marion Holzhauser

„Ich koche furchtbar gerne, vor allem italienisch, das essen auch die Kinder gern", erzählt Marion Holzhauser (Jahrgang 1965). Viel Gemüse kommt auf den Tisch, Pasta in allen Variationen und es wird auch im Wok gekocht. „Ich kreiere immer gerne was Neues", sagt die Krankenschwester, die als Teilzeitkraft im Kreiskrankenhaus St. Ingbert arbeitet. „Wir haben einen großen Freundeskreis, treffen uns regelmäßig und laden uns zu Geburtstagen ein, da will man immer was Neues auf den Tisch bringen." So wird im Hause Holzhauser gerne ausprobiert. „Ich hole mir Anregungen in Büchern oder Zeitschriften, aber ich koche nie streng nach Rezept", erklärt die Hobbyköchin. Sie mag italienische Antipasti, legt auch schon mal selbst Oliven ein (mit Schafskäse) oder bereitet Bärlauch-Pesto zu. „Und ich koche gerne mit Obst, Poularde mit Aprikosen zum Beispiel" – oder zarte Hähnchenbrustfilets in einer leckeren Orangen-Senf-Soße.

Hähnchenbrust in Orangen-Senf-Soße

Für vier Personen: 2 große Orangen, 500 g Hähnchenbrustfilets, Salz, Pfeffer, 3 EL Öl, 2 EL Kräutersenf, 200 g Crème fraiche, 0,2 l frisch ausgepresster Orangensaft.

So wird's gemacht: Orangen schälen, filetieren und dabei den Saft auffangen. Hähnchenbrustfilets mit Salz und Pfeffer aus der Mühle würzen und in dem heißen Öl zirka vier Minuten braten. Aus der Pfanne nehmen und in Alufolie warm halten. Zu dem Bratensatz den Senf, die Crème fraîche und den Orangensaft geben und etwas einkochen (eventuell mit etwas Mondamin binden). Hähnchenbrustfilets in die Soße geben, nun auch die Orangenfilets in der Soße warm werden lassen. Dazu passen Bandnudeln oder Reis.

Getränkeempfehlung: Ein gehaltvoller Weißwein, zum Beispiel Chardonnay oder Grauburgunder trocken.

Hiltrud Jenal

Bei Hiltrud Jenal in Landsweiler bei Lebach in der guten Stube ist der Tisch für zehn Personen gedeckt. Die Hobbyköchin (Jahrgang 1950) hat Freunde und Bekannte eingeladen: „Wenn's Hiltrud kocht, kommen wir immer gerne", meint einer und schenkt schon mal ein Gläschen Rotwein ein. Der Eintopf köchelt auf dem Herd, es duftet verführerisch. Hiltrud Jenal, die aus Trier stammt, kocht gerne regionale Gerichte, hausgemachte Sülze mit Bratkartoffeln zum Beispiel, Forelle mit Mandeln oder Sauerkrautsuppe. Ihren Bohnen-Lamm-Eintopf würzt die quirlige Hobbyköchin schön feurig, der Rotwein fließt, die Freunde aus Landsweiler sind bester Laune. Das Gericht lässt sich gut vorbereiten und schmeckt besonders an kalten Herbst- oder Wintertagen.

Bohnen-Lamm-Eintopf

Für acht Personen: 1 ausgebeinte Lammkeule, je 1 Pfund grüne und weiße Bohnen, 1 Bund Petersilie, 1 Stange Lauch, 4 mittelgroße, geschälte und gewürfelte Kartoffeln, 2 Zwiebeln, 2 Knoblauchzehen, Pfeffer, Salz, Muskat, halber TL Chilipulver, 0,7 l Gemüsebrühe, 0,5 l trockener Rotwein.

Getränkeempfehlung: Ein kräftiger, würziger Rotwein, zum Beispiel aus Süditalien oder Südfrankreich.

So wird's gemacht: Lammfleisch in Würfel schneiden, in einem Topf von allen Seiten gut anbraten. Zwiebel, Knoblauch und Lauch (alles grob gewürfelt) dazugeben, mitschwitzen. Mit Salz und Pfeffer würzen. Mit Gemüsebrühe auffüllen. 10 Minuten köcheln lassen. Grüne Bohnen, Kartoffeln und Rotwein dazugeben, mit Muskat und Chili würzen, umrühren, weiße Bohnen hinzufügen und weitere 20-30 Minuten köcheln lassen. Dazu passen Bauernbrot oder Zwiebel-Baguette und ein kräftiger, trockener Rotwein.

Andrea Jolly

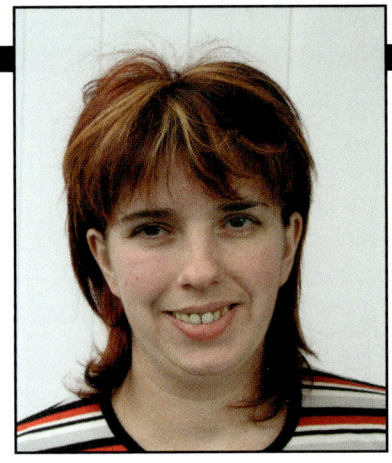

Getränkeempfehlung:
Ein Pils oder ein
Zwickel, ein gehalt-
voller trockener
Weiß- oder ein
fruchtiger Rotwein.

Im Frühjahr 2005 hat Andrea Jolly in Berlin gekocht – als Vertreterin des Saarlandes. Die Hobbyköchin (Jahrgang 1971) aus Sulzbach-Hühnerfeld hatte sich mit ihrem Gefüllte-Rezept für die Endrunde bei einem großen Rezeptwettbewerb von AOL qualifiziert. „Ich koche oft und gerne", erzählt die Mutter dreier Söhne, Tobias, Nico und Marvin, die alle Fußball spielen und einen guten Appetit haben. „Die Füllung für die Gefüllten muss ich machen, wenn die Kinder nicht zu Hause sind. Sonst ist die Füllung weg, bevor die Knödel gemacht sind." Auch bei verschiedenen Festen des SC Viktoria Hühnerfeld ist Familie Jolly dabei und hilft mit. „In unserem Bekanntenkreis wird ebenfalls viel gekocht", sagt die Einzelhandelskauffrau. Bei Jollys kommen oft Nudelgerichte auf den Tisch („die essen die Kinder gern"), außerdem wird viel gegrillt, „zum Beispiel selbstgemachte Spieße mit Paprika und anderem Gemüse."

Gefüllte Klöße mit Lyoner und Lauch

Für vier bis sechs Personen: Für den Teig: 1,5 kg rohe, geriebene Kartoffeln, 1 kg gekochte Kartoffeln, 2 Eier, 1-2 Zwiebeln, Salz, Prise Muskat, bei Bedarf etwas Mehl. Füllung: 250 g Lyoner, 250 g Dürrfleisch, 2 EL Öl, 1 Stange Lauch, 2 Eier, 1 altbackenes Brötchen.

So wird's gemacht: Rohe Kartoffeln gut ausdrücken, mit den durchgemahlenen, gekochten Kartoffeln, den Eiern und den kleingehackten Zwiebeln vermengen, mit Salz und Muskat abschmecken, bei Bedarf etwas Mehl hinzufügen. Für die Füllung gewürfeltes Dürrfleisch in Öl ausbraten, kleingeschnittenen Lauch und klein gewürfelte Lyoner dazugeben. Brötchen einweichen, ausdrücken und hinzufügen. Zum Schluss die Eier unterrühren und stocken lassen. Abschmecken. Knödelteig füllen und zu Kugeln formen, im heißen Salzwasser (je nach Dicke der Klöße) 20-30 Minuten ziehen lassen. Dazu gibt's Sauerkraut und Speckrahm-Soße.

Edith Karg

„Kochen und Essen sind für uns Kultur und Kommunikation", erklärt Edith Karg. „Ich koche eigentlich alles, querbeet", erzählt die gebürtige Bischmisheimerin (Jahrgang 1943). Im kleinen Damenkochclub „Bonnes Femmes" werden Rezepte kreiert oder nachgekocht, „und wir probieren auch Weine aus und beschäftigen uns mit dem Thema der schön gedeckte Tisch." – „Und einmal im Jahr werden die Männer eingeladen", ergänzt Bruno Karg und gießt ein Gläschen Wein ein. Außerdem kocht Familie Karg drei bis vier Mal pro Jahr mit befreundeten Familien. Auch in Kochbüchern, auch von Starköchen, blättert sie gerne und lässt sich inspirieren. Neben ihrem feinen Dessert hat sie für uns zuerst ein deftiges Hauptgericht zubereitet, das sie sich selbst ausgedacht und ausprobiert hat: gebackene Blutwurst auf Thymian-Zwiebelkompott mit Rösti, sehr lecker. Und ihr Dessert passt wunderbar in die Adventszeit oder für Weihnachten: Zimtäpfel gefüllt mit Nougatpralinen.

Zimtäpfel gefüllt mit Nougatpralinen

Für vier Personen: 4 feste Äpfel von unserer Streuobstwiese (Boskop), 100 g Zucker, 1 EL Zimt, 25 ml Sahne, 2 EL Mandelblättchen, 8 Nougat-Trüffel-Pralinen (vom Hausbäcker, Café Geisberg), Sahne-Vanille-Eis, etwas Zitronensaft.

So wird's gemacht: Äpfel schälen, Gehäuse großzügig ausstechen. Zucker und Zimt mischen und mit einem Teil die Äpfel großzügig bestreuen. Äpfel in eine gebutterte Auflaufform setzen, mit je 2 Trüffeln füllen und etwas Sahne darüber laufen lassen. Im Backofen 20 Minuten bei 200 Grad braten, restlichen Zucker und Sahne zugeben, Mandelblättchen drüberstreuen, weitere 10-15 Minuten überbacken. Äpfel mit Zimt-Karamellsoße (Bodensatz der Form) und Eis anrichten.

Getränkeempfehlung: Ein gehaltvoller Dessertwein, zum Beispiel Riesling Auslese, Beeren-auslese oder ein Sauternes aus Frankreich.

Eveline Krämer

Getränkeempfehlung:
Ein fruchtiger
Winzersekt.

„Wir haben eine große Verwandtschaft mit vielen Geburtstagen, da wird immer ordentlich gekocht", erzählt Eveline Krämer aus Homburg-Altbreitenfelderhof. Zusammen mit ihrem Mann Peter wohnt die 49-Jährige auf dem landschaftlich reizvoll gelegenen Altbreitenfelderhof zwischen Höchen und Jägersburg. „Unsere ganze Familie liebt gutes Essen", so die Hobbyköchin, auch die Söhne Benjamin (23) und Philipp (21) kochen beide gerne. „Da wird kein Päckchen aufgemacht, da kommen frische Sachen auf den Tisch."

Eveline Krämer sammelt gerne im Urlaub Rezepte, bringt von überall etwas mit. „Wenn's was Gutes gibt, fragen wir und schauen, wie's gemacht wird." Zum Beispiel einen georgischen Hühnertopf oder ein Tintenfischgericht aus Korfu. Im Sommer werden Salat und Gemüse aus dem eigenen Garten geerntet. Das Heu für ihr Dessert stammt vom Bauern nebenan. „Wenn man das in einen Kopfkissenbezug einwickelt, kann man es gut aufheben."

Heublumen-Minz-Sorbet

Für vier Personen: Eine kleine Hand voll Heublumen oder eine große Hand voll Heu, 200 g Zucker, 200 ml Wasser, 100 ml Apfelsaft, 400 ml trockener Sekt oder Champagner, 2 Zweige frische Minze, 1 Stange Zimt, 2-3 EL Zitronensaft.

So wird's gemacht: Die Heublumen und den Zucker mit dem Wasser übergießen und unter Rühren aufkochen, damit sich der Zucker ganz auflöst. Vom Herd nehmen, den Zimt und die Minze dazugeben und zehn Minuten zugedeckt ziehen lassen. Das Ganze durch ein Küchentuch abseihen und abkühlen lassen. Den Apfel- und Zitronensaft sowie den Sekt hinzufügen und dann gefrieren lassen. In einem Sektglas oder einer schönen Schale servieren.

Erika Krins

Kaninchen in Viezsud

Für vier Personen: 1 Kaninchen, zerteilt in vier Läufe und 2 Rückenteile, 1 l Merziger Viez feinherb, 2 Äpfel, 1 Lorbeerblatt, 4 Wacholderbeeren, 2 Nelken, 2 Zwiebeln, 1 Bund Suppengrün, halber Becher Sahne, 1 TL Kartoffelmehl, 2 EL Butterschmalz, Salz, Pfeffer, Prise Koriander.

Ein Festessen. Erika Krins aus Dillingen legt ihr Kaninchenfleisch in Viez ein, zieht eine leckere Soße daraus und reicht dazu Schneebällchen und Wirsinggemüse – sehr fein. Die Bürokauffrau (Jahrgang 1941) ist seit sechs Jahren Single, kocht für ihre Kinder, für Freunde oder Nachbarn. „Ich mag am liebsten traditionelle Sachen wie Sauerbraten oder Wild, Leberklöße mit Kraut von der Mutter, aber ich probiere auch gerne Neues aus." Sie liest sich die Rezepte durch und dann hat sie eigene Ideen, denkt sich, „das und das würde ich anders machen." Das Gericht für „Das Saarland kocht" hat sie selbst kreiert. Verschiedene Kräuter wie Salbei, Thymian, Oregano, Petersilie und Schnittlauch zieht sich Erika Kriens im kleinen Garten. „Kochen macht mir Riesenspaß, irgendwie habe ich meinen Beruf verfehlt", lacht sie und gießt einen Schluck Weißwein nach.

So wird's gemacht: Kaninchen zirka 12 Stunden in Viez, Gewürzen, Äpfeln und Zwiebeln (in Spalten) einlegen. Im Gussbräter mit Butterschmalz anbraten, mit Pfeffer, Salz und einer Prise Koriander würzen. Mit Viezsud einschließlich Inhalt ablöschen, ein Bund Suppengrün drauflegen, im Backofen zirka 30-40 Minuten bei 150 Grad weitergaren. Die Kaninchenteile herausnehmen, auf Wärmeplatte legen, mit in Butter gedünsteten Apfelscheiben umlegen. Sud durchsieben, reduzieren und würzen. Sahne dazu und mit Kartoffelmehl abbinden. Dazu gibt's Schneebällchen und Wirsinggemüse.

Getränkeempfehlung: Ein gehaltvoller Weißwein, zum Beispiel ein Grauburgunder, Chardonnay oder ein Riesling Spätlese trocken.

Martha Kuhn

Das ist ein Musterbeispiel für ein regionales Gericht mit Pfiff: Feuerbohnen mit Ziegenfrischkäse und Tomaten. Das Rezept stammt von Martha Kuhn aus Losheim-Bergen. Die Feuerbohnen wachsen bei Familie Kuhn auf der Terrasse, von dort kommen auch die Tomaten, den Ziegenfrischkäse kann man auf dem Markt oder auf Bauernhöfen kaufen. „Ich kam auf die Idee, weil ich die Bohnen gekocht nicht so gerne esse. Deshalb habe ich sie gebraten, da entfaltet sich das Aroma besser", erzählt Martha Kuhn (Jahrgang 1948).

Getränkeempfehlung: Ein fruchtbetonter trockener Riesling oder ein leichter, fruchtiger Rotwein.

Sie kocht leidenschaftlich gerne, holt sich im Urlaub immer wieder neue Anregungen oder lässt sich Kochbücher schenken. Ihr Mann Heinz ist ein Meister am Grill, sie bereitet dann Beilagen, Vor- und Nachspeisen zu. Tochter Stephanie ist Vegetarierin, sie freut sich natürlich besonders auf das Feuerbohnengericht. „Das sieht ja schon gut aus", meint Marthas Freundin Irmgard, die auch mitprobiert. Wir sind sehr angetan: die knackigen Bohnen, die frischen Tomaten und der Käse harmonieren gut zusammen. Kompliment!

Feuerbohnen mit Ziegenkäse

Für vier Personen: 250 junge Feuerbohnen (oder andere grüne Bohnen), 200 g Ziegenfrischkäse (oder auch Schafskäse) in Chili-Öl eingelegt, 8 kleine Balkontomaten (Kirschtomaten), 1 große Tomate abgezogen und gewürfelt, 2 Knoblauchzehen, 1 kleine Zwiebel, frische Basilikumblätter, 4 EL vegetarische Gemüsebrühe, Salz und Pfeffer aus der Mühle, 4-6 EL Olivenöl (extra virgine).

Und so wird's gemacht: Öl in der Pfanne erhitzen, Bohnen leicht anbraten, mehrmals wenden, Knoblauch- und Zwiebelwürfel dazugeben. Glasig dünsten. Wenn die Bohnen zart angebräunt sind, Tomaten und Gemüsebrühe dazugeben. Zum Schluss Käse und Basilikum nur kurz heiß werden lassen. Mit Basilikumblättchen garnieren. Dazu passen Stangenweißbrot und ein halbtrockener Saar-Riesling.

Michael Laufenberg

„Weintrinker, Hobbykoch, Genießer" – so steht es auf seiner Visitenkarte. Michael Laufenberg (Jahrgang 1959) stammt aus Düsseldorf, ist gelernter Mikrosystem-Techniker und arbeitet bei der Firma „iMar-Navigation" in St. Ingbert. Der genussfreudige Hobbykoch hat sich für unseren Rezeptwettbewerb „extra ein Gericht überlegt und ausprobiert": Putenunterkeule mit Möhren und Frühlingszwiebeln auf Pfirsichbett gegart. „Das kommt alles in einen großen Topf, damit sich die Aromen schön miteinander verbinden." Das Rezept mit allen Einzelheiten findet man auf seiner Homepage: www.michaellaufenberg.de

Der Rheinländer in St. Ingbert kocht, seit er sieben oder acht Jahre alt ist, „die Leidenschaft zum Kochen habe ich von meinem Vater geerbt." Michael Laufenberg hat acht Jahre in Hamburg gelebt, „der Liebe wegen". Doch im Saarland fühlt er sich sehr viel wohler. Er kocht „alles was Spaß macht", von der italienischen über die mexikanische und die asiatische bis zur arabischen Küche. Peperoni und Kräuter zieht er sich auf der kleinen Terrasse, den Cayennepfeffer macht er selbst. „Der schmeckt und ist bekömmlich."

Putenunterkeule auf Pfirsichbett

Für vier Personen: Je 4 Putenunterkeulen und Pfirsiche, je 500 g Möhren und feste Kartoffeln, 2 Bund Frühlingszwiebeln (helles Ende), 1 Stück Ingwer (walnussgroß), Senf, Kurkuma, Salz, Pfeffer, Zucker, Zitronensaft, Cayennepfeffer, Sonnenblumenöl.

So wird's gemacht: Ingwer- und Pfirsichscheiben mit 1 EL Öl und je halbem TL Zitronensaft, Kurkuma, Salz und Pfeffer sowie einer Messerspitze Cayennepfeffer mischen und auf dem Bratentopfboden auslegen. Angebräunte Möhren, Kartoffelviertel, angebräunte Frühlingszwiebeln darauf schichten. Marinade: 3 EL Sonnenblumenöl, 1 EL Senf, je 1 TL Zitronensaft, Salz, Pfeffer, Honig. Alles glatt rühren, Keulen einreiben, auf das Gemüse legen, Topf verschließen. Bei 180 Grad eineinhalb Stunden garen, wenden, nachbräunen. Keulen und Gemüse herausnehmen, Pfirsichscheiben und Sud passieren, mit Salz, Zucker, Pfeffer und einem Stück Butter abschmecken.

Getränkeempfehlung: Ein Weißburgunder oder ein leichter Chardonnay von der Obermosel oder aus der Pfalz.

Ursula Malter

„Mein Leben ist mein Garten", schwärmt Ursula Malter und beim Rundgang blüht sie auf: „Fünf Sorten Äpfel, Quitten, Mirabellen, Johannisbeeren und Rhabarber, Salat und Radieschen, Kürbisse, Bohnen und Zucchini, über 20 Kräuter und das ist längst nicht alles." Die gebürtige Malstatterin (Jahrgang 1937) kocht seit ihrem achten Lebensjahr. Damals war's ein Muss: der Vater war im Krieg gefallen, da musste die junge Ursula mithelfen. Heute ist es ihr Hobby, knobelt sie auch gerne selbst Rezepte aus. Und beschäftigt sich mit dem Thema Wein, nimmt auch an Wettbewerben, zuletzt zum Beispiel bei der Zeitschrift „Wein-Gourmet" teil. „Das macht Spaß und hält mich geistig fit", meint die Saarbrückerin, die in der Nussbaumstraße wohnt. Größte Fans ihrer Kochkünste sind ihr Mann Heinz, dessen Malerbetrieb stolze 60 Jahre alt ist, Sohn Ralf und Schwiegertochter Patty. Ein Hochgenuss ist ihr Zandergericht. Den festfleischigen Fisch hüllt sie in Kartoffelstreifen ein, dazu gibt's Rieslingsoße, Lauchzwiebeln und Tomaten – sehr lecker.

Getränkeempfehlung: Ein eleganter trockener Riesling von der Saar oder der Mosel.

Zanderfilet im Kartoffelmantel

Für vier Personen: 600 g Zanderfilet, 4 dicke Kartoffeln, 4 Bund Frühlingszwiebeln, 4 Tomaten, Zitronensaft, Salz, Pfeffer, Butter oder Butterschmalz; 1 Schalotte, 0,2 l Fischfond, 50 ml trockener Riesling, 0,2 l Sahne, 2 EL Crème fraîche, Salz, Pfeffer, Prise Cayennepfeffer.

So wird's gemacht: Zanderfilets würzen, geschälte Kartoffeln in dünne Fäden schneiden (dafür gibt's kleine, mechanische Küchenmaschinen) und die Filets damit umwickeln.
Die Schalotte würfeln, in Butter anschwitzen, mit Wein und Fond auffüllen, etwa ein Drittel einkochen. Sahne zur Hälfte einkochen, Fischbrühe unter die Sahne heben, Crème fraîche dazu, mit Zitronensaft, Salz, Pfeffer und Cayennepfeffer abschmecken. Zanderfilets im Kartoffelmantel bei mäßiger Hitze goldgelb backen (zirka 4-5 Minuten).
Frühlingszwiebeln dünsten, Tomatenwürfel kurz mitschwenken. Fisch auf das Gemüse setzen und mit der Fischsoße servieren.

Christa Martini

„Ich könnte zweimal am Tag kochen", sagt Christa Martini. „Und ich zweimal am Tag essen", lacht ihr Mann Horst. Ein Genießer-Ehepaar. Familie Martini wohnt in Alsting, ganz in der Nähe von Saarbrücken-Güdingen. Im hauseigenen Garten wachsen und gedeihen Gemüse und Salate, Obst und Kräuter. Zuckerhut zum Beispiel, Pflück- und Feldsalat, Äpfel, Johannis- und Himbeeren sowie Rhabarber. Aus dem macht Christa Martini im Sommer gerne einen Auflauf. Aber es klappt auch gut mit tiefgefrorener Ware. Ihr Rhabarber-Crumble schmeckt sehr lecker. Der herbe Geschmack des Rhabarbers und die süßen Streusel harmonieren prächtig.

„Das Gericht macht wenig Arbeit und lässt sich prima vorbereiten", meint die Hobbyköchin (Jahrgang 1941), die auch schon einige Kochkurse mitgemacht hat, unter anderem bei Josef Hubertus in Tholey. Ansonsten wird immer mal wieder was Neues ausprobiert. Fit halten sich Christa und Horst Martini mit Laufen und Radfahren. „Dreimal die Woche wird gejoggt", so die Hobbyköchin. Und mit dem Rad sind die beiden schon bis an den Atlantik gefahren – 2300 Kilometer in dreieinhalb Wochen. Hut ab!

Rhabarber-Crumble

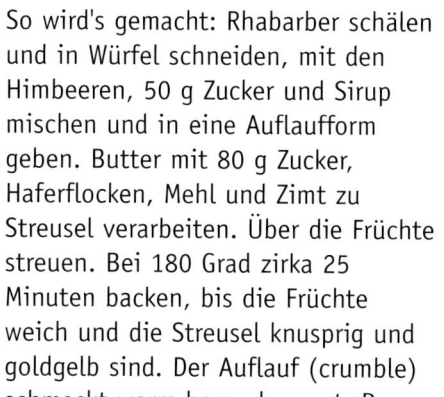

Für vier Personen: 200 g Rhabarber (frisch oder tiefgefroren), 100 g Himbeeren, 130 g Vollrohrzucker, 2 EL Himbeersirup, 60 g Butter, 40 g kernige Haferflocken, 25 g Weizenmehl, 1 TL Zimt.

So wird's gemacht: Rhabarber schälen und in Würfel schneiden, mit den Himbeeren, 50 g Zucker und Sirup mischen und in eine Auflaufform geben. Butter mit 80 g Zucker, Haferflocken, Mehl und Zimt zu Streusel verarbeiten. Über die Früchte streuen. Bei 180 Grad zirka 25 Minuten backen, bis die Früchte weich und die Streusel knusprig und goldgelb sind. Der Auflauf (crumble) schmeckt warm besonders gut. Dazu gibt es Vanille-Eis.

Getränkeempfehlung: Ein fruchtiger Dessertwein, zum Beispiel Riesling Spätlese oder ein Moscato aus dem Piemont.

Marliese Müller

„Es ist immer schön, wenn man sein Hobby zum Beruf machen kann", meint Marliese Müller (Jahrgang 1939) aus Merchweiler. Die gelernte Diätköchin und Hauswirtschafterin ist zwar inzwischen in Rente, unterrichtet aber noch an der Altenpflegeschule. „Allerdings nur Theorie", die Praxis findet jetzt also zu Hause statt. Davon profitiert ihr Lebensgefährte Gerhard Pauly, Musiklehrer in Rente: „Für mich ist das ein Vergnügen, wenn meine Frau kreativ tätig ist." Und darauf freuen sich auch ihre Freunde und Bekannten, denn Marliese Müller lädt sich gerne Gäste ein. Dann wird gekocht und eine gute Flasche Wein aufgemacht. Selbstgemachte Steinpilz-Ravioli etwa, ein feines Stück Wild und auch gute Hausmannskost. Pastagerichte kommen übrigens des öfteren auf den Tisch: „Ich habe mir aus Italien eine Nudelmaschine mitgebracht, ein Wunderding, das macht Spaß." Ein ideales Gericht für Festtage ist ihr Birnen-Halbgefrorenes mit lauwarmen Pflaumen. „Das kann man sehr gut vorbereiten und dazu braucht man auch keine Eismaschine oder andere große technische Geräte."

Getränkeempfehlung: Ein gehaltvoller Dessertwein, zum Beispiel ein Riesling Auslese oder ein edelsüßer Gewürztraminer.

Birnen-Halbgefrorenes und Pflaumen

Für vier Personen: Eine Kastenform mit Klarsichtfolie auslegen und in den Kühlschrank stellen; 800 g reife Birnen, 1 Zitrone, 0,125 l stilles Mineralwasser, 0,125 l Elbling, halbe Vanillestange, halbe Zimtstange, 2 Gewürznelken, je 4 cl Birnengeist und Birnenlikör, 1 Ei, 4 Eigelb, 60 g Zucker, 0,25 l süße Sahne, 4 Eiweiß, pro Person 4-5 Pflaumen.

So wird's gemacht: Birnen schälen, vierteln, entkernen. Zitronensaft darübergießen. Mineralwasser, Elbling und Gewürze zusammen aufkochen, Birnen zugeben und weich kochen. Gewürze entfernen, Birnen mit dem Saft pürieren, durch ein Sieb streichen, dickflüssig einkochen und kalt stellen. Birnengeist und -likör unter das Birnenpüree rühren. Ei, Eigelb und Zucker im Wasserbad schaumig aufschlagen, dann kalt rühren. Sahne und Eiweiß steif schlagen, unter die Eiermasse heben. Birnenmasse unterheben, in die Kastenform füllen und einfrieren. In Scheiben geschnitten mit lauwarmen Pflaumen servieren.

Julia Peter

„Ich koche und ich tüftele gerne", erklärt Julia Peter aus Nonnweiler-Otzenhausen. Dabei ist die Vorsitzende der Katholischen Frauengemeinschaft Otzenhausen nicht allein. Zusammen mit ihren Vereinskolleginnen hat sie sogar schon ein Kochbuch verfasst. „Hin gebetet heim gefeiert" heißt das stolze Werk mit rund 500 Rezepten und Menüs. Und auch auf die inzwischen erwachsenen Kinder hat das Hobby von Julia Peter (Jahrgang 1951) größeren Einfluss gehabt: Sohn Hansi arbeitet als Koch, Sohn Peter als Restaurantfachmann. Zusammen mit ihrem Mann Dirk lädt sich Julia Peter gerne Gäste zum Essen ein: „Dann wird ausprobiert und gefachsimpelt." Auch im Fernsehen hat sie schon gekocht: „Zusammen mit Johann Lafer, ein Dessert mit Erdbeeren, ständig 30 Leute um einen herum, das war spannend", erzählt Julia Peter. Ihren Blutwurststrudel kann man gut vorbereiten und er schmeckt sehr lecker. Ihr Rezept gefiel auch den Lesern von „treff.region" der Saarbrücker Zeitung sehr gut. Julia Peter bekam beim Rezeptwettbewerb die meisten Stimmen und wurde mit großem Abstand Gesamtsiegerin, gewann ein Schlemmer-Wochenende in Frankreich. Herzlichen Glückwunsch!

Blutwurststrudel mit Apfelkompott

Für vier Personen: 300 grobe Blutwurst, 1 Zwiebel, 8 Scheiben Blätterteig, 1 Eigelb, 4 säuerliche Äpfel (zum Beispiel Cox Orange), 20 g Butter, je 1 EL Weißwein, Zucker, Sahnemeerrettich und Preiselbeeren.

So wird's gemacht: Die Blutwurst mit der in feine Würfel geschnittenen Zwiebel leicht anbraten. Pfanne vom Herd nehmen. Blätterteig auftauen und leicht ausrollen. Ränder mit Eigelb bestreichen, die Blutwurstmasse auf eine Teigseite streichen, zuklappen und im Backofen bei zirka 180 Grad 35-45 Minuten backen. Äpfel schälen, entkernen, würfeln und in Butter andünsten. Weißwein und Zucker dazugeben. Die fertigen Strudel auf einem Teller anrichten, die warme Apfelmasse dazugeben. Mit Sahnemeerrettich und Preiselbeeren garnieren.

Getränkeempfehlung: Ein Pils, ein gehaltvoller trockener Riesling oder ein leichter fruchtiger Rotwein (Spätburgunder).

Sigrid Ruffing

„Wenig Arbeit, gut vorzubereiten", notierte Sigrid Ruffing zu ihrem Rezept „Tomatenfleisch". „Stimmt. Und schmeckt prima", kann man hinzufügen. Rump- oder Hüftsteaks werden mit reichlich Tomaten und Knoblauch in der Pfanne sanft geschmort. Butterzart und aromatisch schmeckt das Fleisch, Kompliment! „Meine Mutter hat gerne gekocht, von ihr hab' ich das geerbt", erzählt Sigrid Ruffing (Jahrgang 1963). Im Hause Ruffing wird jeden Abend gekocht „und am Wochenende dann ausgiebig", des öfteren auch mit Gästen. „Die Tomatensteaks sind immer sehr gut angekommen", ergänzt Andreas Ruffing und zieht schon mal die Flasche Rioja auf. Freitags wird zusammen der Plan fürs Wochenende gemacht. „Besonders gerne mache ich große Braten", so Sigrid Ruffing, „Geflügel, Perlhuhn, Gans oder Ente. Da investiere ich auch viel Zeit, das macht Spaß." Der Backofen ist im Hause Ruffing im Dauergebrauch. Und Wert legt man auch auf gesundheitsbewusstes Essen, das kommt vor allem auch den Kindern Eric und Hanna zugute.

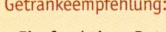

Getränkeempfehlung: Ein fruchtiger Rotwein, zum Beispiel ein Spätburgunder, ein Barbera aus Piemont oder ein Chianti Classico.

Geschmorte Tomaten-Steaks

Für vier Personen: 4 Hüft- oder Rumpsteaks vom einheimischen Rind, 8 frische, gehäutete und gewürfelte Tomaten, Salz, Pfeffer, Paprikapulver, 2 fein gewürfelte Knoblauchzehen, etwas Gemüsebrühe, 1 TL brauner Zucker und etwas Essig.

So wird's gemacht: Steaks von beiden Seiten scharf anbraten, in einer großen Pfanne nebeneinander legen, salzen und pfeffern. Bratenfond mit etwas Gemüsebrühe ablöschen. Tomatenwürfel gleichmäßig auf das Fleisch verteilen, Rest in die Soße geben, nochmals mit Salz und Pfeffer abschmecken, etwas edelsüßen Paprika dazugeben und Knoblauch auf die Tomaten verteilen, Zucker und Essig hinzufügen. Nicht mehr wenden und verrühren, Deckel auf die Pfanne und bei kleiner Hitze eine Stunde sanft schmoren. Dazu passen gebackene Kartoffelecken.

Patrick Schillo

Kaninchenkeule mit Vanille-Risotto – das hört sich vielversprechend an. Und was Patrick Schillo dann auf die Teller bringt, das kann sich sehen und schmecken lassen. „Gegessen habe ich schon immer gerne, jetzt koche ich auch mit Begeisterung", erzählt Patrick Schillo (Jahrgang 1968), gießt noch etwas Brühe zum Risotto und rührt. Seine Frau Silke schenkt schon mal ein Gläschen Weißwein ein, die Kaninchen garen im Ofen, gleich kann's losgehen. Patrick Schillo schmeckt den Risotto ab, richtet ihn an und legt die Kaninchenkeule dazu. Der Sulzbacher ist gelernter Friseur und Geschäftsführer im familieneigenen Betrieb in Dudweiler, spezialisiert auf Haarersatz. Seit rund drei Jahren macht er im Club der kochenden Männer in Saarbrücken mit, hat auch schon einige Kochkurse besucht. Wenn er Zeit und Lust hat, zieht es ihn in die Küche, dann setzt er Fonds an und reduziert Soßen und so weiter. Zu einem guten Essen gehört für ihn natürlich auch ein guter Wein, Proben mit Freunden sind für ihn eine spannende Sache.

Kaninchenkeule mit Vanille-Risotto

Für vier Personen: 4 Kaninchenkeulen, 1-2 EL Olivenöl, 1 Vanilleschote, 3 fein gehackte Schalotten, 1 zerdrückte Knoblauchzehe, 100 g Risottoreis, 100 ml süßer Weißwein, 300 ml heiße Hühnerbrühe, 1 EL Butter, 1 EL Mascarpone, 1 EL Parmesan.

So wird's gemacht: Olivenöl erhitzen, Schalotten, Knoblauch und die längs aufgeschnittene Vanilleschote glasig andünsten. Reis hinzufügen und bei schwacher Hitze fünf Minuten dünsten. Mit Wein ablöschen und rühren bis die Flüssigkeit aufgenommen wurde. Nach und nach die heiße Brühe angießen, dabei den Reis rühren, bis er weich, aber noch bissfest ist. Butter, Parmesan und Mascarpone einrühren, die Vanilleschote entfernen. Kaninchenkeulen in einer Pfanne in Olivenöl von beiden Seiten anbraten. Mit etwas Hühnerbrühe ablöschen und für 10-12 Minuten in den auf 180 Grad vorgeheizten Ofen geben. Risotto und Keule schön anrichten.

Getränkeempfehlung: Ein gehaltvoller, würziger Weißwein, zum Beispiel ein Grauburgunder oder Chardonnay aus der Pfalz, aus Baden oder Süditalien/ Sizilien.

Hedwig Schuler

„Ich probiere gerne Neues aus", erklärt Hedwig Schuler (Jahrgang 1940) aus Neunkirchen-Wiebelskirchen. Sie pflegt zwei Hobbys: Kochen und Malen, unter anderem hat sie Zeichnungen und Gemälde im Café Löwe in Neunkirchen ausgestellt. Ein kleines Gemälde zaubert Hedwig Schuler dann auch auf die Teller. Die pikant mit Curry abgeschmeckte Kartoffelsuppe verwandelt sie mit Rosenkohlscheiben und Rote Bete-Püree in einen Seerosen-Teich.

Das sieht gut aus – und schmeckt lecker, auch Ehemann Horst ist begeistert. Für die Suppe arbeitet sie mit mehlig kochenden Kartoffeln. „Ich habe immer zwei Sorten Kartoffeln zu Hause", erzählt die gebürtige Neunkircherin. In einem dicken Ordner sammelt sie ihre Rezepte. Wenn Besuch kommt, kocht Hedwig Schuler schon mal ein Menü mit bis zu zehn Gängen, deckt den Tisch schön ein und schreibt eine Menükarte. Glücklich darf sich schätzen, wer hier eingeladen ist.

Kartoffel-Süppchen „Lotos"

Für vier Personen: 500 g Kartoffeln, 1 Rote Bete, 1 Becher Sahne, je 0,25 l Liter Fleischbrühe und Wasser, 250 g Rosenkohl, Salz, Pfeffer, Prise Cayennepfeffer, 2 TL Curry.

So wird's gemacht: Kartoffeln in Brühe und Wasser kochen, pürieren und anschließend die Sahne unterrühren. Eventuell noch etwas Brühe zugeben, mit Salz, Pfeffer und Curry abschmecken. Rosenkohl und Rote Bete garen. Rosenkohl in dünne Scheiben schneiden, Rote Bete pürieren, mit Salz, Pfeffer und Cayennepfeffer abschmecken.
Anrichten: Suppe in die Teller geben, Rosenkohlscheiben darauf verteilen, dazwischen das Rote-Bete-Püree als Röschen spritzen. Fertig ist der Seerosenteich.

Getränkeempfehlung:
Ein fruchtiger, gehaltvoller Riesling trocken von der Mosel oder aus der Pfalz.

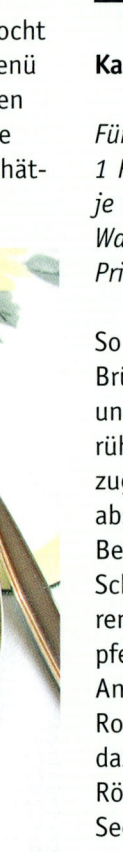

Gertrud Schwöbel

Gertrud Schwöbel hat Verstärkung. Ihr Mann Erwin ist zwar nicht da, doch die Enkel Johanna und Clemens haben schulfrei und helfen ihrer Oma gerne. Kartoffeln schälen, Soße anrühren, Sauerkraut in den Topf einfüllen – für die beiden kleinen Küchenhilfen kein Problem. Gertrud Schwöbel hat sich eine saarländische Sauerkraut-Pfanne ausgedacht, mit Kartoffeln, roten Zwiebeln, Sauerkraut, Speck und Lachs (oder auch Lachsforelle). Die Kartoffeln würzt sie mit Kurkuma (Gelbwurz), so erhalten sie eine schöne gelbe Farbe. Die Bliesransbacherin (Jahrgang 1944) kocht gerne, vor allem mit regionalen Produkten und mit frischem Gemüse und Salat aus dem eigenen Garten. Auch das Sauerkraut hat sie selbst eingelegt. Bis vor kurzem war sie auch als Ernährungsreferentin beim Landfrauenverband tätig. Wie die ganze Familie (drei Söhne) hält sie sich mit Fahrradfahren fit. „Das ist unser großes Hobby", erzählt sie, auch Johanna und Clemens radeln schon eifrig. Ihre Sauerkraut-Lachs-Pfanne ist ein deftiges Gericht, das besonders in die kalte Jahreszeit passt. Oder nach einer großen und anstrengenden Radtour.

Sauerkraut-Lachs-Pfanne

Für vier Personen: 500 g rohe, grob geriebene Kartoffeln, 1 EL Kurkuma (Gelbwurz), 500 g selbst eingelegtes Sauerkraut, 400 g Lachs, 50 g Schinkenspeck, 3 rote Zwiebeln, 0,25 l süße Sahne, 0,2 l saure Sahne, 2-3 TL Majoran, 2 EL Öl, Salz, Pfeffer.

So wird's gemacht: Gewürfelten Speck und gewürfelte Zwiebeln in Öl goldgelb anrösten, Sauerkraut dazugeben. Pfanne vom Herd nehmen. Auflaufform fetten, grob geriebene Kartoffeln einfüllen, mit Majoran würzen. Lachsstücke darauf verteilen, Sauerkraut locker auflegen, nochmals etwas Majoran drüberstreuen. Süße und saure Sahne gut verrühren, eventuell etwas Milch dazugeben, mit Salz und Pfeffer abschmecken und über die Sauerkraut-Lachs-Mischung geben. Im vorgeheizten Ofen bei 160-180 Grad zirka 45-50 Minuten garen.

Getränkeempfehlung: Ein trockener, kräftiger Weißwein, zum Beispiel ein Riesling von der Saar oder ein Weißer von der Loire.

Gudrun Seibert

Wenn sie dieses Gericht auf den Tisch bringt, dann ist ihr ein großes Lob sicher. Auch uns hat Gudrun Seibert mit ihrem leckeren Spieß überzeugt: Zart und rosa die Leber, dazu Dörrfleisch, pikant angemachter Salat und gedünstete Äpfel, das Ganze auf einem großen Rosmarinzweig aus dem eigenen Garten – eine tolle Kombination. „Mein Steckenpferd ist die Ernährung, meine Leidenschaft ist das Kochen", erzählt Gudrun Seibert (Jahrgang 1944), die sich gerne Freunde zum Essen einlädt.

Getränkeempfehlung: Ein gehaltvoller Weißwein (Grauburgunder oder Chardonnay).

Und sie verfolgt fast alle Kochsendungen, ist ganz begeistert, dass auch Lea Linster, die Sterneköchin aus Luxemburg, ihr Wissen per Bildschirm vermittelt. „Ich experimentiere gerne und wir probieren mit Freunden vieles aus", erklärt Gudrun Seibert, die mit ihrem Mann Uwe in Dudweiler wohnt. Sie ist ein Genussmensch und wenn Gaumen und Zunge sagen: „Wow, das ist es", dann macht sie das glücklich.

Kalbsleber auf Rosmarin-Spieß

Für vier Personen: 4 Scheiben Kalbsleber (vom Metzger etwas dicker schneiden lassen), 4 große Rosmarinzweige, 500 g Bacon in Scheiben, 4 feste, säuerliche Äpfel, 4 EL Zucker, 4 EL Ahornsirup und Apfelsaft, 4 Stiele gelben Löwenzahn, eine Handvoll Rapunzelsalat, 1 Radiccio, Salz, Pfeffer.

So wird's gemacht: Die unteren Blätter des Rosmarin entfernen und abwechselnd grob gewürfelte Kalbsleber und Bacon aufspießen, dabei jeweils den Bacon um die Leber schlagen. In Olivenöl schonend anbraten, dann mit Salz und Pfeffer würzen. Spieße warm stellen, in einer Pfanne Zucker karamellisieren, mit Ahornsirup und Apfelsaft ablöschen, Apfelscheiben dazugeben, leicht garen. Salat mit einer pikanten Sahnesoße anmachen und auf einem großen Teller anrichten. Spieße und Apfelscheiben dazulegen. Dazu passt Baguette oder Folienkartoffeln.

Frieda Steffen

Das war ein Festessen im Hause Steffen. Frieda Steffen (Jahrgang 1923) und ihre Schwester Mathilde begrüßen mich herzlich, der Rotwein steht schon in der Karaffe bereit. Im Backofen warten drei Bleche mit Kartoffel-Pizza-Küchelchen. Frieda Steffen macht den Feldsalat fertig, schon kann's los gehen. Knusprig und pikant schmecken die Küchelchen, der Salat und die feinen Tomaten passen bestens. „15 Jahre backe ich die schon", erzählt die rüstige Witwe. Die gebürtige Bilsdorferin hat zwei Söhne und vier Enkel. „Die größte Freude ist für mich, wenn es den Kindern und Enkeln bei mir schmeckt." Die Küchelchen sind wirklich prima, zwei passen noch rein – Schwiegertochter Ute, die sich dazu gesellt hat, schenkt noch ein Gläschen von dem guten Roten nach. Das schmeckt. Frieda Steffen kocht nicht nur gut, ihre große Leidenschaft ist das Backen. „An Weihnachten gibt's jedes Jahr 16 bis 18 Sorten Plätzchen", erzählt sie. Und die Familie schwärmt von ihren Kuchen und Torten: Käsesahne-, Apfel- und viele Torten mehr – die sind in ganz Bilsdorf berühmt.

Kartoffel-Pizza-Küchelchen

Für vier bis sechs Personen: 1 kg mehlig kochende Kartoffeln, 2 Zwiebeln, 3 Eier, 100 g geriebener Emmentaler Käse, 80-100 g klein geschnittene Salami, 100 g blättrig geschnittene Champignons, 2 EL Tomatenmark, 4 EL Sauerrahm, 3 EL Mehl, Salz, Pfeffer, je 1-2 EL Oregano und Thymian, fein gehackte Petersilie und Olivenöl zum Braten.

So wird's gemacht: Kartoffeln reiben, gut abtropfen lassen, Restwasser ausdrücken. Zwiebeln ganz fein würfeln oder auch reiben. Salami, Pilze, Tomatenmark, Sauerrahm, Petersilie und Eier zu dem Teig geben, gut vermischen. Mit den Gewürzen und Kräutern abschmecken. Teig mit einem Esslöffel in heißes Öl geben, auf jeder Seite etwa drei Minuten braten. Küchelchen auf Küchenpapier abtropfen. Mit Feldsalat und Tomaten servieren.

Getränkeempfehlung: Ein fruchtiger Rotwein, zum Beispiel ein Spätburgunder von der Obermosel.

Regina Steffen

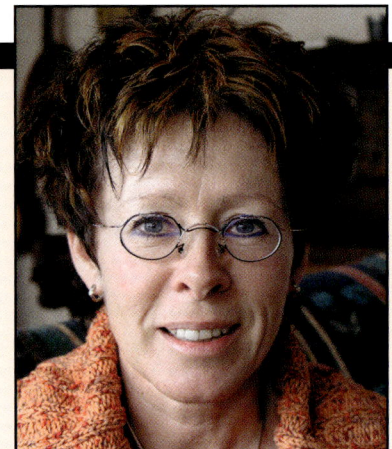

Getränkeempfehlung:
Ein leichter
Dessertwein, zum
Beispiel Riesling
Spätlese.

„Ich experimentiere gerne, probiere alles Mögliche aus", erzählt Regina Steffen aus dem schönen Neunkircher Stadtteil Hangard. Die Krankenschwester (Jahrgang 57) kocht bevorzugt mediterrane Gerichte, „mit Olivenöl, Tomaten und viel Knoblauch." Gerne gegessen wird zum Beispiel ihre Knoblauchsoße zu gegrilltem Lamm oder die Kokos-Suppe nach thailändischer Art. Von ihrer Mutter Maria wird Regina Steffen mit Salat, Gemüse und Obst aus eigenem Anbau versorgt. „Von ihr habe ich viel gelernt, sie ist eine sehr gute Köchin." Wichtigstes Hobby der Krankenschwester ist das Musikmachen. Irland hat's ihr und ihren Musikerkollegen angetan.

Regina Steffen spielt Mandoline in der siebenköpfigen Gruppe Seldom Sober (Selten nüchtern), die inzwischen saarlandweit und auch ein Stück über die Grenzen hinaus bekannt ist. Außerdem joggt Regina Steffen regelmäßig: „Wer gut und gerne isst, der muss auch was für die Fitness tun." Für den Rezeptwettbewerb hat sie eine Apfel-Eisblume kreiert: Apfelscheiben in einem süßen Teig ausgebacken und mit Apfelstücken, Sahne und Vanille-Eis wie eine Blume angerichtet, das sieht sehr hübsch aus und schmeckt lecker. Wir sind schon auf das nächste Experiment der musikalischen Hobbyköchin gespannt.

Apfel-Eisblume

*Für vier Personen: 4 Äpfel,
200 g Mehl, je ein halbes Päckchen
Backpulver und Vanillezucker, 1 Eigelb,
ein Teller mit Zimt-Zucker-Gemisch,
3 EL Sonnenblumenöl, vier Bällchen
Vanille-Eis.*

So wird's gemacht: Eine daumendicke Scheibe aus jedem Apfel herausschneiden, diese schälen und das Kerngehäuse vorsichtig ausstechen. Aus Mehl, Backpulver und Vanillezucker, Eigelb und Wasser (nach Bedarf) einen sämigen Teig rühren. Apfelscheiben darin wenden, in heißem Öl von beiden Seiten goldgelb ausbacken und sofort im Zimt-Zucker-Gemisch wenden. Je eine Apfelscheibe auf die obere Hälfte des Tellers setzen, eine Kugel Vanille-Eis in der Vertiefung platzieren.
Aus den Apfelresten mit Schale nach Geschmack und Phantasie Stengel und Blätter herausschneiden und auf einer „Wiese" aus Schlagsahne (eventuell mit Kiwilikör eingefärbt) dekorieren.

Elisabeth Stumpf-Mackert

„Eigentlich backe ich lieber", erzählt Elisabeth Stumpf-Mackert aus Dudweiler, „vom Nusshefezopf bis zur Schwarzwälder Kirschtorte." Doch weil die ganze Familie gerne isst, natürlich nicht nur Süßes, probiert die gelernte Bürokauffrau, die als Verkäuferin arbeitet, gerne Rezepte aus. „Ich koche am liebsten saarländisch, Geheirade, Gefüllte oder Lyonerpfanne, aber auch mal italienisch, zum Beispiel Spaghetti Carbonara." Elisabeth Stumpf-Mackert (Jahrgang 1958) sucht gerne im Internet nach Rezepten, außerdem schaut sie sich gerne Kochsendungen an. „Dann koche ich einmal genau nach und beim nächsten Mal ändere ich die Rezepte meistens ein wenig ab, so wie es mir gefällt." Ihr Mann Siegfried und die Töchter Ina (20) und Simone (22) wissen das zu schätzen, vor allem wenn sie dann gemeinsam am schön gedeckten Tisch sitzen, mit Servietten, Kerzen und hübscher Dekoration.

Geschmortes Rindfleisch à la Lizzy

Für vier Personen: 1 kg Rinderbug, 30 g Mehl, 20 g Butter, 2 EL Olivenöl, 4 Scheiben Dörrfleisch, 1 Thymianzweig, 3 Zwiebeln (grob gewürfelt), 0,5 l trockener Rotwein, 2 Lorbeerblätter, 2 Knoblauchzehen zerdrückt, nochmal 30 g Butter, 250 g frische Champignons in Scheiben, halber Bund Petersilie.

So wird's gemacht: Backofen auf 160 Grad vorheizen. Fleisch grob würfeln, in Mehl wenden. In Butter und Öl in einer Kasserolle anbraten. Speck und Zwiebeln dazugeben und andünsten. Mit Mehl bestäuben, Rotwein angießen, Knoblauch und Gewürze dazugeben, im Ofen zirka zwei Stunden im geschlossenen Topf schmoren. Zusätzliche Butter erhitzen und Champignons darin andünsten, beiseite stellen. Fleisch aus der Soße nehmen, Soße um ein Drittel einkochen, Thymian und Lorbeer entfernen. Fleisch wieder in die Kasserolle geben, Champignons dazu, zehn Minuten köcheln lassen. Mit Petersilie bestreuen. Dazu passen Spätzle.

Getränkeempfehlung: Ein kräftiger, würziger Rotwein aus Süditalien/Sizilien oder Südfrankreich.

Monika Wahl

Getränkeempfehlung:
Ein gehaltvoller, aus-
drucksstarker Rot-
wein, zum Beispiel
aus der Südtoskana
(Vino Nobile), aus
Apulien oder Sizilien.
Oder ein kräftiger
Bordeaux.

„Wir bekommen vom Jäger aus der Region jedes Jahr ein ganzes Reh", erzählt Monika Wahl (Jahrgang 1960) aus Eppelborn. Neben dem begehrten Rehrücken und der -keule fällt dann jede Menge Fleisch für Gulasch an. „Eines meiner Lieblingsrezepte ist Reh-Pfeffer", erklärt die begeisterte Hobbyköchin. Das Rehfleisch brät sie mit Knochen an, zieht eine feine Soße daraus. Der Clou: Zuletzt kommt Schweineblut dazu. „Das gibt den letzten Schliff", meint sie. Und das schmeckt man. Die Soße zu dem aromatischen Fleisch ist sehr lecker. Dazu gibt's hausgemachte Pilzknödel und frisches Pilzgemüse. Monika Wahl wohnt mit ihrem Mann Raimund und den Töchtern Sonja und Sabine in ruhiger Lage in Eppelborn – mit einem großen Garten. Da gedeihen Gemüse und Salat, dazu auf der Terrasse Tomaten, Paprika und Kräuter. Kochen ist für die Eppelbornerin kein Stress, sondern macht großen Spaß: „Ich kann beim Kochen entspannen, da kann ich abschalten und auf andere Gedanken kommen." Neben Wild bereitet sie auch sehr gerne Lamm zu; das Fleisch bekommt sie bei Bauern in der Gegend und beim Metzger sucht sie sich die schönsten Stücke aus.

Reh-Pfeffer mit Pilzknödeln

Für vier Personen: 2-3 kg Rehschulter und -brust mit Knochen, 4 EL Butterschmalz, 0,25 l Gemüsebrühe, 0,75 l Rotwein, je 200 g Schalotten, Lauch, Karotten und Sellerie, 50 g Tomatenmark, 1 Zehe Knoblauch, 1 EL Früchtesirup, 100 ml Schweineblut (vom Metzger). Gewürzsäckchen mit je einem halben TL Thymian, Majoran und schwarzem Pfeffer, Messerspitze Rosmarin, 10 Wacholderbeeren, 8 Pimentkörner, 2 Nelken, 3 Lorbeerblätter.

So wird's gemacht: Backofen auf 180 Grad vorheizen. Butterschmalz in den Bräter geben, das grob zerkleinerte Fleisch kräftig anbraten, herausnehmen und die Gemüse anbraten. Knoblauch und Tomatenmark kurz mitbraten. Fleisch wieder dazugeben. Mit Rotwein ablöschen und etwas einkochen. Gemüsebrühe und Kräutersäckchen zugeben. Im Ofen geschlossen 90 Minuten garen. Oder: 6-7 Stunden bei 80 Grad garen. Fleisch herausnehmen, von den Knochen lösen, in Würfel schneiden und abgedeckt warm stellen. Sud passieren, mit Salz, Pfeffer und Sirup würzen. Vom Herd nehmen, Blut einrühren, Fleisch reingeben. Dazu gibt's Pilzknödel und Mausohr-Salat.

Siegfried Winkler

„Ich koche am liebsten asiatisch", sagt Siegfried Winkler aus Saarbrücken-Ensheim, „vor allem indisch, mit Kurkuma, Kardamom, Zimt und Kreuzkümmel." Linsen süß-sauer zum Beispiel. Oder gebratene Banane mit Joghurt und Kardamom. „Wir besitzen Kochbücher aus vielen Ländern", erzählt der Technische Angestellte, der mit Lebensgefährtin Gisela Gross seit 2004 in Ensheim lebt. Wenn er aus Büchern nachkocht, hält er sich beim ersten Mal streng an die Rezepte, „und dann koche ich so, wie es mir passt." Früher ernährte sich Siegfried Winkler öfters von „Dosenfutter", doch irgendwann hatte er genug davon. Heute wird alles frisch zubereitet, vor allem Gemüse und Salate – „bei uns wird viel vegetarisch gekocht." Inzwischen hat Siegfried Winkler sein Können bei Kochkursen der VHS Saarbrücken verfeinert und übt fleißig. So verwöhnt der 43-Jährige an Festtagen seine Gäste gerne mit einem schönen Menü.

Filet vom Flussfisch mit Senfsoße

Für vier Personen: 2 EL Sonnenblumenöl, 1,2 kg Filet mit Haut vom Flussfisch (Bachsaibling, Forelle oder Zander), 2 EL Senf, 1 EL Honig, Saft einer halben Zitrone, 1 EL Dill, Salz und Pfeffer. Chutney: Kerne von 2 Granatäpfeln, 1 Orange, 2 TL Limettensaft, 2 Frühlingszwiebeln (gehackt), ein halber TL Mischung aus Cayennepfeffer und edelsüßem Paprika, 2 TL gehackte frische Chili-Schoten.

So wird's gemacht: Für das Chutney alle Zutaten in einer Glasschüssel mischen und etwa 3 Stunden kalt stellen. Aus Öl, Senf, Honig, Zitronensaft, Dill, Salz und Pfeffer eine Marinade rühren. Backblech mit Alufolie auslegen und mit Öl bestreichen. Fischfilet mit der Hautseite auf das Backblech legen. Mit der Marinade bestreichen und grillen. Dazu gibt's Bratkartoffeln.

Getränkeempfehlung:
Ein gehaltvoller
Weißburgunder oder
ein Chardonnay.

Jutta Wommer

„Bei uns wird gerne gekocht und gegessen", erklärt Jutta Wommer aus
Heusweiler-Holz und stellt ihre
Eltern, Rosemarie und Raimund
Wommer vor. „Die Mutti ist berühmt
für ihre Soßen" lobt die Tochter, die
vom Talent der Mutter einiges geerbt
hat. Ihre gefüllten Wachteln schmecken prima, außen knusprig, mit aromatischer Füllung. „Ich koche ganz
verschiedene Sachen", erklärt die
Holzerin (Jahrgang 1963), die als
Fachwirt der Grundstücks- und Woh-
nungswirtschaft im Landesamt für
Bau- und Liegenschaft arbeitet.

Getränkeempfehlung:
Ein fruchtiger Rot-
wein, zum Beispiel
von der Loire, oder
ein Spätburgunder.

Die begeisterte Hobby-Seglerin ist
Mitglied im Yachtclub Saarbrücken:
„Mein Traum ist ein Holzboot mit
schwarzen Segeln." Sie liebt die
mediterrane Küche, „weil sie so ge-
sund ist", bereitet aber auch gerne
feines Wild oder einen Putenbraten
zu. Zur Wachtel reicht sie Püree,
Wirsinggemüse und schenkt einen feinen Roten von der Loire aus. Das
passt.

Gefüllte Wachteln mit Maronenpüree

*Für vier Personen: 8 Wachteln,
500 g gemischtes Hackfleisch (vom
Metzger etwas Dürrfleisch unters Hack-
fleisch drehen lassen), 1 Ei, 1 Wirsing,
1 Zwiebel, Schinkenwürfel,
500 g pürierte Maronen, 1 Becher
Sahne, Butter, Pfeffer, Salz, Muskatnuss, grüner Pfeffer.*

So wird's gemacht: Hackfleisch mit
Salz und Pfeffer würzen, 1 Ei untermischen und die Wachteln damit füllen. Wachteln außen mit Pfeffer und

Salz würzen und mit etwas Öl bestreichen. Im Backofen bei 180-200 Grad
zirka 40 Minuten backen. Sahne steif
schlagen und unter die pürierten
Maronen mischen. Mit etwas frisch
gemahlenem grünem Pfeffer abschmecken. Wirsing in Streifen schneiden
und bissfest kochen. Schinkenwürfel
und Zwiebel rösten, mit dem Wirsing
mischen. Wachteln mit Wirsing und
Püree anrichten.

Anneliese Ziehmer

Dieser Name hat uns neugierig gemacht: „Spanisch Fricco". Anneliese Ziehmer hat einen leckeren Eintopf aus Rinderhüfte, Kartoffeln und Zwiebeln für uns gekocht. „Wo der Name herkommt, weiß ich gar nicht, wahrscheinlich weil das Gericht mit Pfeffer pikant abgeschmeckt wird. Das Rezept stammt von meiner Groß-mutter Therese", erzählt die Sulz-bacherin (Jahrgang 1921), die noch sehr rüstig ist. „Meine Frau war eine ausgezeichnete Schwimmerin", ergänzt ihr Mann Karl und gießt uns ein Gläschen Wein ein. Als er im August 1945 aus dem Krieg entlassen wurde, durfte seine Frau alles kochen, nur keinen Eintopf. Erst zwei Jahre später hat sie einen ersten Versuch unternommen: „Ich habe da so ein feines Eintopfgericht von der Oma." Ihr Mann war einverstanden – und seitdem gehört „Spanisch Fricco" zum festen Speiseplan von Familie Ziehmer. Die mag es klassisch und regional: Sauerbraten mit Schnee-bällchen, Hoorische (oder „Herz-drigger"), Gefüllte mit Leberwurst oder „Bergmannspasteten" – das sind dünne Eierpfannkuchen mit Hack-fleisch und Zwiebeln gefüllt.

Eintopf „Spanisch Fricco"

Für vier Personen: 1200 g rohe, ge-schälte Kartoffeln in Scheiben, 400 g Zwiebeln in Scheiben, 4 Hüftsteaks, gewürfelt, 0,25 l Rahm, 0,25 l trocke-ner Weißwein, 0,75 l Fleischbrühe, Pfeffer, 100 g Weintrauben, 1 Tomate.

So wird's gemacht: Etwas Fett in einem großen Topf zerlaufen lassen. Kartoffeln, Zwiebeln und gewürfeltes Fleisch lagenweise einfüllen, mit der Brühe übergießen und aufkochen. Bei schwacher Hitze mit Deckel 30 Minuten köcheln lassen.

Danach gut durchrühren, Rahm und Weißwein dazugeben und mit gemah-lenem schwarzen Pfeffer abschme-cken. Mit Deckel 30 Minuten ziehen lassen. Nach Geschmack mit Wein-trauben und Tomaten servieren.

Getränkeempfehlung: Ein gehaltvoller Weiß- oder ein fruchtiger Rotwein.

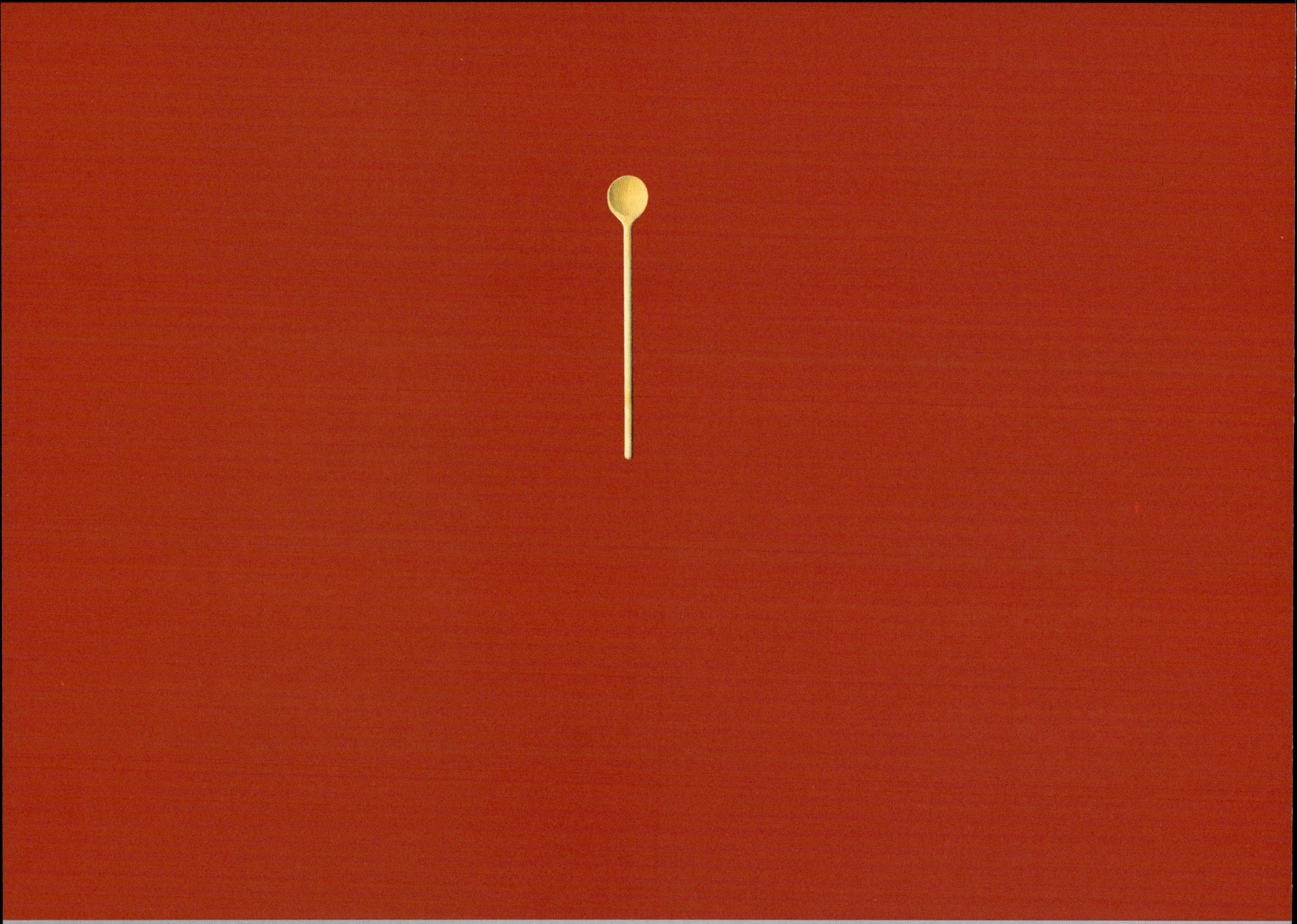

Zum Wohl!

Prost mit einem kühlen Hellen! Bier hat im Saarland eine große Tradition. Früher gab es in mehreren Städten und Gemeinden Brauereien (Schloss in Neunkirchen, Becker in St. Ingbert usw.), heute sind nur noch drei übrig geblieben.

Mit der Schließung der Gruben und Hütten und dem Konzentrations- prozess im Braugewerbe hat sich vieles verändert.

Ein Branchenriese und zwei Zwerge brauen derzeit im Saarland ihr Bier. Es gibt aber inzwischen eine ganze Reihe schöner Gasthausbrauereien, die wir hier vorstellen.

■

■

Die Karlsberg-Brauerei in Homburg wurde 1878 unter dem Namen „Bayerische Bierbrauerei zum Karlsberg" von dem einheimischen Kaufmann Christian Weber gegründet. Namensgeber war die ehemalige Schlossanlage Schloss Karlsberg in unmittelbarer Nachbarschaft der heutigen Braustätte. Die Karlsberg-Brauerei, die 2003 ihr 125-jähriges Bestehen feierte, konnte sich am Markt behaupten, hat etliche andere Brauereien übernommen (Schloss, Becker, Saarfürst) und gehört heute zu den größten zehn Brauereien und Getränkeherstellern in Deutschland. Derzeit leitet Dr. Richard Weber die Geschicke von Karlsberg. Aus Homburg kommen neben dem bekannten UrPils etliche Spezialitäten sowie neue Kreationen wie Bock und Alt, Feingold, Karlsberger Hof, Zischke, Blondes, Desperados oder Mixery.

Karlsberg Brauerei
Karlsbergstr. 62
66424 Homburg
Tel. (0 68 41) 10 5-0
www.karlsberg.de

Die älteste Brauerei im Saarland (seit 1702) ist das Familienunternehmen Bruch in Saarbrücken. In achter Generation führt Thomas Bruch die Privatbrauerei G. A. Bruch in der Scheidter Str. 24-26. Pils, das beliebte, naturtrübe Zwickel, Landbier, Bock und besondere Spezialitäten werden angeboten. Am St. Johanner Markt, mitten in der historischen Altstadt von Saarbrücken, liegt das Stammhaus der Brauerei, eines der ältesten und schönsten Gasthäuser im Saarland. Familie Bruch hat ihr Anwesen in den vergangenen Jahren total renoviert und im alten Stil wieder aufgebaut. Heute laden das Historische Gasthaus Zum Stiefel (mit schönem Biergarten) und die Gasthausbrauerei Stiefelbräu zum Besuch ein. Hier gibt's herrlich frisches Bier, Pils und Zwickel natürlich und immer wieder Spezialitäten

der Saison, zum Beispiel Weizen im Sommer oder Bock im Winter. Und in beiden Häusern kann man auch sehr gut essen, viele regionale Spezialitäten (Lyoner, Gefüllte usw.) stehen auf der Karte.

Gasthausbrauerei Stiefelbräu
St. Johanner Markt
66111 Saarbrücken
Tel. (06 81) 9 36 45-15

Mitten im Grünen, im Landschafts-
schutzgebiet „Oberes Köllertal" liegt
die Grosswald Brauerei Eiweiler. Die
Privatbrauerei besteht seit 1860 und
bietet heute ein breites Sortiment an.
Klassiker wie das Pilsener, das Hofgut
Pils und das Export, dann Zwickel,
Land- und Festbier sowie Urweizen
(hell und dunkel), Radler, außerdem
Mineralwasser und Limonaden.

Grosswald Brauerei
Grosswaldstr. 132
66265 Heusweiler-Eiweiler
Tel. (0 68 06) 607-0
www.grosswald.de

Und hier folgt eine Auswahl
der schönsten Brauereigaststätten
im Saarland.

In der Mettlacher Abtei-Bräu kann man das einzige Bio-Bier im Saarland genießen. Das köstliche Mettlacher Abtei-Bräu ist ein Märzen-Bier mit einer speziellen Malzmischung und einer schönen Bernsteinfarbe. Hopfen und Malz kommen aus kontrolliertem heimischem Bioland-Anbau. Das Abtei-Bräu wird unfiltriert und natur-belassen getrunken, so bleiben wert-volle Inhaltsstoffe wie Vitamine und Spurenelemente erhalten. In der großzügigen, lichtdurchfluteten Haus-brauerei mit Biergarten und Hopfen-stube gilt: Je trüber das Bier, desto heller die Stimmung. Auf der Speise-karte stehen deftige und regionale Gerichte wie Blutwurst und Lyoner, Brauers Wurstsalat und Gefüllte oder auch das Abtei-Geschnetzelte mit Paprikastreifen und Champignons in Biersahnesoße.

Mettlacher Abtei-Bräu
Bahnhofstr. 32
66693 Mettlach
Tel. (0 68 64) 9 32 32
www.abtei-brauerei.de

Einen Besuch wert ist auch das Saar-fürst Merziger Brauhaus. Die Erlebnis-gaststätte am Yachthafen besteht seit dem Jahre 2000. Das Saarfürst Bier wird direkt im schönen Merziger Brauhaus gebraut, so dass die Gäste den Gerstensaft immer frisch genie-ßen können. Im Brauhaus serviert man Suppen und Salate, rustikale Spezialitäten wie Lyoner, zum Bei-spiel den Chili-Lyoner mit hausgeba-ckenem Bierbrot, Gefillde, Schlacht-platte, Rinderroulade, Lachs und Matjes. Auf der Homepage des Brauhauses findet man jede Menge Rezepte mit Bier, von Linsensuppe mit Bier über Kabeljauschnitte mit Biersoße bis zu Ente in Bier-Gewürz-Soße.

Saarfürst Merziger Brauhaus
Saarwiesenring 6
66663 Merzig
Tel. (0 68 61) 79 16 35
www.saarfuerst.de

Ebenfalls seit dem Jahre 2000 besteht das Hochwälder Braugasthaus in Losheim. Auf dem Hügel über dem See gibt es frisch gebrautes Hochwälder hell, Donatus dunkel sowie Saisonbiere wie Weizen. An allen Werktagen wird ein Stammessen angeboten. Das große, hohe Brauhaus bietet Platz für bis zu 350 Personen, hier kann man tagen und feiern, vom Firmenfest über den Geburtstag bis zur Hochzeit. Sehr schön sitzt man bei gutem Wetter im Biergarten mit Blick auf den Stausee.

Hochwälder Braugasthaus
Zum Stausee 190
66679 Losheim am See
Tel. (0 68 72) 50 57 72
www.hochwaelder-brauhaus.de

Noch ein Haus, das im Jahre 2000 eröffnet wurde. Seit dem 1. September des neuen Jahrtausends gibt es das Erzbräu Schmelzer Brauhaus, ein Ausflugsziel, das am Wandernetz des Saarwaldvereins liegt. Bei schönem Wetter kann man im Biergarten eine Rast einlegen. Für Seminare und Feiern aller Art stehen neben den 160 Sitzplätzen des Gastraumes noch zwei Nebenzimmer mit jeweils 40 bzw. 35 Sitzplätzen zur Verfügung. Das hausgemachte Erzbräu ist ein ungefiltertes, naturtrübes Bier mit kräftigem Aroma. Den Namen Erzbräu verdankt das Bier dem Umstand, dass das Schmelzer Brauhaus am sogenannten Erzweg liegt, über den im 18. und 19. Jahrhundert Erzknollen – die Lebacher Eier – aus der

Lebacher Gegend zur Eisenschmelze in Bettingen transportiert wurden. Das reichhaltige Speisenangebot reicht von kleinen Snacks bis zu großen Pfannen (Lyoner-, Grill-, Schnitzel- oder Filet-Pfanne) für fünf Personen. Beliebt sind Gefüllte und Wurstsalat sowie Brauerei-Spezialitäten wie Hopfenpfännchen (Schweinefilet mit Champignonrahmsoße) oder Sudhauspfanne (Geschnetzeltes mit Sudhaussoße).

Erzbräu Schmelzer Brauhaus
Am Erzweg 12
66839 Schmelz
Tel. (0 68 87) 88 91 09
www.schmelzer-brauhaus.de

Klein, aber fein und herrlich gemütlich ist das Körpricher Landbräu. Die schöne Landbrauerei mit Braustube und Biergarten in Nalbach-Körprich braut ein süffiges Helles und ein aromatisches Dunkles, im Sommer gibt's zusätzlich Weizen, zur Kirmes im Oktober das traditionsreiche Michaelsbier und ab 6. Dezember das Nikolausbock. Das Haus ist liebevoll eingerichtet, der Service freundlich und aufmerksam. Auf der Speisekarte stehen vor allem schmackhafte Speisen, die zum Bier passen, knackig-frische Salate, Schnitzel, Rumpsteak und einiges mehr.

Körpricher Landbräu
Bahnhofstr. 40
66809 Nalbach-Körprich
Tel. (0 68 38) 14 47

Schön in das Alte Hüttenareal in Neunkirchen integriert ist das Stumm's Brauhaus am Wasserturm. In der reizvollen Kulisse der restaurierten Hütten-Relikte kann man auf zwei Etagen und auf einer großen Terrasse Helles und Dunkles, Kölsch, Weizen oder andere Bier-Spezialitäten genießen. Die Speisekarte reicht von der „Brotzeit" (Treberbrot mit Griebenschmalz) über eine große Auswahl knusprig dünner Flammkuchen, Salate und Pasta bis zu regionalen Gerichten wie Neinkerjer Wurstsalat, Lyoner oder Gefüllte sowie Schweinerückensteak Braumeister oder Rumpsteak.

Stumm's Brauhaus
Am Wasserturm
Saarbrücker Straße
66538 Neunkirchen
Tel. (0 68 21) 17 91 45
www.stumms-brauhaus.de

Weinhändler

Für Weinfreunde ist das Saarland ein Paradies. Es gibt ein kleines, aber feines saarländisches Anbaugebiet mit engagierten Winzern in Perl an der Obermosel. Auch an der Saar, der Mosel und der Ruwer (in Rheinland/Pfalz und Luxemburg) sowie in der Pfalz oder an der Nahe kann man hervorragende Weine einkaufen.

Außerdem gibt es im Saarland eine große Zahl hervorragender Weinfachhändler, von kleinen Betrieben bis zu großen Handelshäusern. Die bieten ausgesuchte, preiswerte Weine für jeden Tag, anspruchsvolle Gewächse und Spitzenprodukte aus aller Welt für ganz besondere Anlässe. Das Angebot an französischen Tröpfchen ist naturgemäß besonders stark. Aber glücklicherweise haben etliche Händler in den letzten Jahren auch ihr Angebot an Weinen aus Deutschland erweitert, denn hier ist eine neue Generation von jungen Winzern am Werk, die erstaunliche Leistungen vollbringt. Sehr gut vertreten sind die italienischen Weine, genießen kann man außerdem Rebensaft aus Österreich, aus Spanien und Portugal sowie aus Übersee (Kalifornien, Südamerika, Südafrika, Australien und Neuseeland).

Hier eine Auswahl seriöser Weinhändler (in alphabetischer Reihenfolge), die seit Jahren mit einem guten Angebot überzeugen. Von jedem Händler gibt es zwei Empfehlungen, jeweils einen Weiß- und einen Rotwein.

Weinhandelshaus Kurt Burgard
Am Langfeld 32
66130 Saarbrücken-Güdingen
Tel. (06 81) 88 00 10
www.wein-burgard.de

Renommiertes, stets verlässliches und
seriöses Haus mit einer überwältigen-
den Auswahl in allen Preisklassen,
von günstigen Alltagsweinen bis zu
berühmten Gewächsen. Mehr als
1.200 verschiedene Weine und Spirituosen sind auf Lager. Kurt Burgard
hat den über 50 Jahre alten Betrieb
aufgebaut, heute leitet Harald
Burgard die Geschäfte. Schwerpunkt
ist Frankreich, hervorragende Auswahl
von der Loire über Burgund und
Elsass bis Bordeaux und Rhône sowie
Südfrankreich. Ebenfalls empfehlens-
wert: italienische und spanische
Weine. Dazu: Sekte, Champagner,
Spirituosen und Feinkost.

Harald Burgard empfiehlt:

2004 Riesling Reserve Particulière
„Saint Wendelin", Thierry Laurent,
Niedermorschwihr, 5,90 Euro: Voll-
fruchtige Nase mit typischen Riesling-
Aromen, die sich im Geschmack fort-
setzen. Sein wunderbares Frucht-
Säure-Süße-Verhältnis verleiht ihm
gleichzeitig Fülle und Ausgeglichen-
heit.

Chateau de Lancyre „La Coste
d'Aleyrac" 2003, Pic Saint-Loup,
Côteaux du Languedoc, 5,95 Euro:
Sein intensives Rot lässt an reife
Schwarzkirschen denken. In der Nase
und am Gaumen dominieren Aromen
von roten Früchten und Beeren. Kraft
und Fülle begleiten seinen Abgang.

Friedrich Dörr
Richard-Wagner-Str. 31c
66111 Saarbrücken
Tel. (06 81) 3 62 78
www.doerr-weine-spirituosen.de

Traditionsreiches Haus in der Landeshauptstadt. 1957 von Friedrich Dörr
gegründet, führt seit 1991 Hans-
Jürgen Dörr das kleine Familienunternehmen mit dem großen Programm
(rund 800 Posten). Schwerpunkt ist
Frankreich, daneben ausgesuchte
Weine aus Spanien, Deutschland und
Italien.

Hans-Jürgen Dörr empfiehlt:

Sancerre 2004 „La Chatellenie" von Joseph Mellot, Loire, 11,95 Euro: Ein voller, runder und fruchtiger Wein mit intensivem Sauvignon-Duft (grüne Äpfel und Zitrus); ein schöner Begleiter zu Fischen und Meeresfrüchten sowie hellem Fleisch.

Malumbres 2001 Crianza, Bodegas Malumbres, Navarra, 6,95 Euro: Ein kräftiger, gehaltvoller Rotwein, schöne Beerenfrucht und ein Hauch Tabak.

Domenico's
Saarbrücker Str. 76a
66359 Bous
Tel. (0 68 34) 92 25 33

Sympathischer Familienbetrieb von Domenico und Teresa Sciascia mit einer schönen Auswahl von Weinen aus allen italienischen Anbaugebieten. Der gemütliche, liebevoll eingerichtete Laden besteht seit 1998, das Sortiment wurde nach und nach erweitert, umfasst inzwischen rund 400 Posten. Großen Wert legt Familie Sciascia auch auf Feinkostartikel, im Programm sind unter anderem über 30 Olivenöle. Im Sommer kann man im lauschigen Weingarten sitzen.

Domenico Sciascia empfiehlt:

Bianco dell' Emilia 2004, Corte D'Aibo, Colli Bolognesi, 6,90 Euro: Neuer Bio-Wein der leichten Art, angenehme Säure, schöne Frucht, ein idealer Aperitif- und Sommerwein.

Sant' Antimo Rosso 2003, Fanti, Toskana, 10,90 Euro: Aus 100 Prozent Sangiovese gekeltert und 12 Monate im Fass ausgebaut, präsentiert sich dieser „kleine Brunello" mit kräftig roter Farbe, duftet nach reifen dunklen Beeren. Er schmeckt weich und elegant, verfügt über Kraft und Fülle und wirkt lange nach.

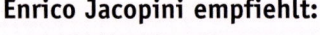

Enrico Jacopini
Brückenstr. 16
66538 Neunkirchen
Tel. (0 68 21) 1 41 32
www.jacopini.de

Enrico Jacopini begeistert mit einer exzellenten Auswahl italienischer Weine und Feinkostartikel. Prosecco und Spumante, Weiß- und Rotweine von Piemont bis Sizilien, von Venezien bis Kalabrien. Feine Salami- und Schinkenspezialitäten, hochwertige Olivenöle und vieles mehr.

Enrico Jacopini empfiehlt:

Giuncaro 2004, Santa Caterina, Ligurien, 12,90 Euro: Winzer Andrea Kihlgren experimentiert gerne. Den Giuncaro hat er aus Sauvignon Blanc und Tokai (je 45 Prozent) und 10 Prozent Vermentino gekeltert. Die Tokaitrauben verleihen dem Wein eine wunderbare Würze. Ein fruchtiger, eleganter, reizvoller Weißwein.

Vertigo 2003, Livio Felluga, Friaul, 10,70 Euro: Ein rubinroter, 12 Monate im Holzfass gereifter Wein aus Merlot und Cabernet Sauvignon, fruchtig und würzig im Bukett (rote Beeren, Zwetschgen), voll und samtig auf der Zunge, mit noblen Tanninen, guter Säure und langem Abgang.

La Vinerie
Talstr. 53
66119 Saarbrücken
Tel. (06 81) 58 59 00
www.lavinerie.de

Ein kleiner, feiner Betrieb in Alt-Saarbrücken in einem sehr schönen Laden. Udo Dittgen und Mario Peccheneda führen La Vinerie seit gut 15 Jahren. Sie bieten zirka 250 Weine, Sekte und Spirituosen aus Frankreich, Italien, Spanien und Deutschland an. Schwerpunkt ist eindeutig Frankreich, man kümmert sich überwiegend um kleinere Erzeuger, pflegt den persönlichen Kontakt mit den Winzern.
La Vinerie gibt es auch in Saarlouis, Kaiser-Friedrich-Ring 13b, Tel. (0 68 31) 12 12 24, und in Neunkirchen, Hüttenbergstr. 22, Tel. (0 68 21) 17 78 20.

Mario Peccheneda empfiehlt:

L'Elégante Sauvignon 2004, Domaine du Pré Baron, Touraine, 8,50 Euro:
Aus den besten Reben mit einem Durchschnittsalter von über 35 Jahren wird dieser aromatische Wein mit Duft nach schwarzen Johannisbeerblüten, weißen Pfirsichen und Zitrusfrüchten gekeltert. Im Mund saftig und weich mit leichter Feuersteinnote.

Chateau d'Oupia, Cuveé Les Barons 2000, Minervois, 9,50 Euro: Das Aushängeschild von Winzer André Iché. Aus 50 Prozent Syrah, 35 Prozent Carignan und 15 Prozent Grenache, 12 Monate im Barrique ausgebaut. In der Nase und im Mund Aromen von Vanille, dunklen Waldbeeren und Cassis. Das geschliffene Tannin verleiht ihm eine wunderbare Eleganz.

*Monter
Wolfgang Maffert
Lothringer Straße 112
66780 Rehlingen-Hemmersdorf
Tel. (0 68 33) 203
www.monter.de*

Hervorragender Familienbetrieb mit einer beeindruckenden Auswahl an Edelbränden, Likören und Spezialitäten wie Absinth. Dazu Weine aus Frankreich, Amerika (Michigan und Missouri) sowie ein kleines Angebot aus Deutschland, Spanien und Italien. Seit 1849 befindet sich im Haus eine Brennerei, die heute von Wolfgang Maffert in der 5. Generation betrieben wird. Sein Urgroßvater Johann Monter ist der Namensgeber der Firma. Die von ihm 1925 installierten Kupferbrennblasen existieren noch und sind auf den neuesten Stand der Technik gebracht worden.

Wolfgang Maffert empfiehlt:

Chateau Haut Guillebot 2004, Entre-deux-mers blanc, 4,50 Euro: Dieser fruchtige, spritzige Weiße aus Bordeaux duftet nach Pfirsichen. Im Geschmack Fruchtnoten von Aprikose und reifen Stachelbeeren.

Cynthiana Winery Augusta 1999, Missouri, USA, 14,50 Euro: Die typische Rebsorte der Region Missouri ergibt tiefe, dichte und wuchtige Weine. Mit Noten von Cassis, Himbeeren und einer Spur von Schokolade präsentiert sich dieser eichenfassgelagerte Rote mit viel Intensität und etwas Exotik.

■

Pinard de Picard
Fort Rauch 2
66740 Saarlouis
Tel. (0 68 31) 12 27 29
www.pinard-de-picard.de

Ein Wein-Verrückter – im besten
Sinne. Tino Seiwert gehört mit sei-
nem Team zu den Senkrechtstartern
in der Weinhandels-Szene. Der ehe-
malige Lehrer hat seine Passion
gefunden, entdeckt immer wieder
großartige Winzer und Weine.
Schwerpunkt: Deutschland und
Frankreich. Unter den rund 800
Posten findet man großartige
Weingüter wie Van Volxem/Saar,
Dönnhoff/Nahe oder Keller/
Rheinhessen. Sehr stark auch das
Angebot aus Frankreich, vor allem der
Süden, aber auch aus Italien und
Spanien. Einmalig: der Weinlese-
Katalog, hervorragend: der
Internetauftritt.

Tino Seiwert empfiehlt:

*Saar Riesling 2004 trocken von Van
Volxem in Wiltingen/Saar, 8,60 Euro:
Rassiger Riesling voll feiner, filigraner
Frucht und beeindruckender Minerali-
tät. Reife gelbe sowie exotische
Früchte und feinste Würze.*

*Sud Absolu Rouge 2004 trocken von
der Domaine de Fondrèche, Cotes de
Ventoux/Frankreich, 5,95 Euro: Ein
ungemein „sexy" Wein mit Aromen
von Schwarzbeeren, reifen Kirschen
und den verführerischen Düften
der Provence. Ausladend, füllig,
schmeichlerisch am Gaumen, cremige,
weiche Tannine.*

■

W. Spies & Co
Am Steil 1
66679 Losheim
Tel. (0 68 72) 9 12 87
www.w-spies.de

Hervorragender, alteingesessener
Familienbetrieb mit einem attrakti-
ven, vielfältigen Programm. Waltraud
und Christoph Spies haben rund 600
Posten aus vielen Ländern auf Lager.
Schwerpunkt ist Frankreich mit
Gewächsen von der Loire bis zur
Rhône und vom Elsass bis zum Mittel-
meer. Gut vertreten sind auch Italien
und Spanien sowie in letzter Zeit mit
steigender Tendenz Deutschland.

Christoph Spies empfiehlt:

Riesling 2003 trocken von Markus Molitor, Mosel, 7,30 Euro: Ein herzhafter knackig-fruchtiger Riesling. Im Bukett frisch-fruchtig, setzt sich dieser Eindruck im Mund mit animierender fruchtiger Säure und herzhafter Mineralität fort.

Château du Retout 2001, Haut-Médoc, Bordeaux AC, 9,40 Euro: Tiefes Purpur mit violetten Reflexen. Beeriges, konzentriertes Cassisbouquet, dunkle Edelhölzer und Caramel, viel Brombeeren, sehr ansprechend. Auch am Gaumen viel reife Frucht und Karamell.

*Stella Italienische Weinimporte
Kavalleriestr. 5-7
66740 Saarlouis
Tel. (0 68 31) 4 10 44-46
www.stella-wein.de*

Eine der ganz großen, über Jahrzehnte verlässlichen Firmen mit einem ausgezeichneten Angebot italienischer Weine aus allen Landesteilen. Giovanni Stella und seine Mitarbeiter begeistern mit günstigen Alltags- und renommierten Spitzenweinen. Spezialität: Weine aus Signore Stellas Heimat Apulien. Außerdem: schöne Auswahl an Feinkostartikeln.

Giovanni Stella empfiehlt:

Chardonnay Salento 2004, Molino della Tuoma, 9,60 Euro: Strohgelbe, klare Farbe, üppige Blume, zart im Geschmack mit einem langen Abgang. Ein vollmundiger, aromatischer Chardonnay, der seine Reife nach drei Jahren Lagerzeit erreicht.

Chianti Colli Senesi 2003, Molino della Tuoma, 7,60 Euro: Junger, eleganter Chianti mit heller, rubinroter Farbe. Sein fruchtiges Bukett erinnert an Schwertlilien. Samtiger Geschmack. Passt sehr gut zu Pasta und Fleischgerichten.

VIF Weinhandel
Kreppstr. 6
66333 Völklingen
Tel. (0 68 98) 2 70 70
www.vif.de

Einer der Aufsteiger der letzten Jahre mit einem herausragenden Angebot. Klasse-Weine für jeden Tag und Spitzenprodukte aus renommierten Häusern. Direktimport von Weinen aus aller Welt, Schwerpunkte sind Frankreich und Italien. Anne und Frank Roeder und Christian Löw führen Gewächse von Winzern, die sie seit vielen Jahren persönlich kennen und die zu den führenden Vertretern ihres Anbaugebietes zählen. VIF bietet einen schönen Wein-Lese-Katalog und einen ausgezeichneten Internetauftritt an – da machen das Schmökern und die Auswahl Spaß.

Christian Löw empfiehlt:

Sauvignon Blanc „Life from Stone" 2004, Springfield Estate, Südafrika, 10,95 Euro: Ein Kultwein aus Übersee, besticht mit feiner Mineralität und Aromatik. Im Duft ein deutlicher Feuersteinton und Frühlingswiese. Am Gaumen ein faszinierendes Spiel zwischen Frucht- und mineralischen Noten, viel Saft, nuancenreich, Klasse-Struktur. Ein Wein aus Übersee mit Persönlichkeit und Charakter.

Vacqueras 2001, Domaine Montirius, Südliche Rhône, 12,80 Euro: Ein komplexer, gehaltvoller Rotwein aus Grenache und Syrah mit Top-Bewertungen. Geschmeidig und mit leckerer, saftiger Frucht. Jetzt schon trinkreif, das gute Tanningerüst gibt ihm Kraft für weitere 5 Jahre Zukunft.

Weitere Adressen

Armbrust Getränke GmbH
Saarbrücker Straße 145
66125 Saarbrücken-Dudweiler
Tel. (0 68 97) 70 11
www.armbrust-weinhandlung.de

Das traditonsreiche Haus bietet rund 500 Sorten von 80 Winzern an. Schwerpunkte sind Frankreich, Deutschland und Italien.

Delia Baumgarten
St. Arnualer Markt 6
66119 Saarbrücken
Tel. (06 81) 85 90 00
www.delia-baumgarten.de

Bewährter kleiner Betrieb in Alt-Saarbrücken, Schwerpunkt Frankreich. Direktimport vom Winzer.

Jacques' Weindepot
Halbergstr. 59
66121 Saarbrücken
Tel. (06 81) 63 53 23

Verlässlicher Betrieb mit sehr gutem
Angebot vor allem auch preisgünsti-
ger Erzeugerabfüllungen. Bei Rolf
Pfeiffer kann man 250 Weine probieren. Immer wieder attraktive Aktionen.

Weinkosmos Dr. Michael Diener
Feldstr. 25
66132 Saarbrücken-Bischmisheim
Tel. (06 81) 9 89 28 36
www.weinkosmos.de

Der Bio-Spezialist. Kleines, aber sehr
gutes Sortiment ökologischer Weine
aus Frankreich, Deutschland und einigen anderen Ländern.

Weine Wolfgang Wuttke
Kreisstr. 134
66128 Saarbrücken-Gersweiler
Tel. (06 81) 70 08 03
www.weine-wuttke.de

Hochwertige Weine aus Frankreich,
Spezialität: Burgund. Gewächse von
Armand, Colin, Esmonin, Lignier,
Morey und anderen.

Feine Weine
Dr. Horst Gansert und Gregor Vogt
Zeppelinstraße 2
66117 Saarbrücken
Tel. (06 81) 5 84 68 76
www.feineweine.de

Guter Internetanbieter mit ausge-
suchten Weinen aus aller Welt.

Segovia
Schankstr. 36 · 66663 Merzig
Tel. (0 68 61) 99 28 71

Weinforum Achim Bill
Lebacher Straße 22
66740 Saarlouis
Tel. (0 68 31) 8 03 73

Getränke Leistenschneider
Hoher Staden 5 · 66839 Schmelz
Tel. (0 68 87) 3 00 60

Winzer im Saarland

Es ist ein Kuriosum: Saar-Wein wächst in Rheinland-Pfalz, saarländischer Wein an der Obermosel. Die Gemeinde Perl mit ihren 14 Ortsteilen ist die einzige Weinbaugemeinde im Saarland. Im sonnenverwöhnten Dreiländereck, auf fruchtbaren Muschelkalkböden, gedeihen vor allem die weißen Burgundersorten, aber auch Elbling, Riesling und Gewürztraminer sowie die roten Reben Dornfelder, St. Laurent, Spät- und Frühburgunder.

Zwischen Perl und Nennig bauen ein knappes Dutzend Winzer auf 80 Hektar ein vielfältiges Sortiment an. Bei den Probiertagen („Proufdach"), jeweils im April in Saarbrücken (auf Einladung der „Saarbrücker Zeitung") und zwei Tage in Perl sowie beim Obermosel-Weinfest im August in Nennig und beim Wein- und Kellerfest in Perl-Oberperl und Sehndorf im Oktober stellen die selbstvermarktenden Winzer ihre Weine vor.

Außerdem öffnen sie im Rahmen des „Saarländischen Weinsommers" zwischen April und Oktober reihum ihre Keller und laden zu Proben ein.

Die saarländischen Winzer überzeugen in den letzten Jahren mit steigender Qualität. Sie haben sich auf ihre Stärken besonnen, pflegen vor allem die Burgunder-Familie, begrenzen die Erträge, arbeiten sehr viel in den Weinbergen und setzen im Weinkeller auf moderne Technik – gerade soviel, wie gebraucht wird. Denn sie haben erkannt: am wichtigsten für die Produktion guter Weine ist das Terroir, der Boden.

Die Weine von der Obermosel überzeugen mit Frische, Frucht und Spritzigkeit. Sie sind relativ leicht – im Vergleich mit Weinen gleicher Rebsorte zum Beispiel aus der Pfalz oder aus Baden.

Ein großes Plus ist ihr sehr gutes Preis-Genussverhältnis. Für rund 5 Euro bekommt man einen schönen Auxerrois (diese Burgundersorte zählt zu den Spezialitäten an der Obermosel), einen Weiß- oder Grauburgunder. Für eine Spätlese und einen edlen Chardonnay muss man ein bis zwei Euro mehr investieren. Auch Winzersekte, Spätburgunder-Rosé sowie fruchtige und elegante Rotweine (Dornfelder, Spät- und Frühburgunder sowie St Laurent und Regent) werden rund um Perl mit zunehmendem Erfolg angebaut.

Die wichtigsten Häuser
(in alphabetischer Reihenfolge):

Weingut Eberhard Bertel, Haus-Biringer-Straße 6, 66706 Perl-Oberperl, Tel. (0 68 67) 53 43. Spezialität: Rotwein Regent im Barrique ausgebaut.

Weingut Helmut Herber, Apacher Str. 15, 66706 Perl, Tel. (0 68 67) 8 54. Spezialität: Spätburgunder und Frühburgunder Spätlese.

Ökonomierat Petgen-Dahm, Winzerstr. 8, 66706 Perl-Sehndorf, Tel. (0 68 67) 3 09. Spezialität: großes Sortiment, auch mit edelsüßen Gewächsen sowie der feinen Rotweinsorte St. Laurent.

Weingut Edgar Gales, Römerstr. 6, 66706 Perl-Nennig, Tel. (0 68 66) 3 81. Spezialität: Elbling Cuvée von Berg classic.

Weingut Ollinger-Geltz, Marienstr. 40, 66706 Perl-Sehndorf, Tel. (0 68 67) 4 61. Spezialität: der einzige Bio-Winzer im Saarland mit einer großartigen Kollektion.

Weingut Schmitt-Weber, Bergstr. 66, 66706 Perl, Tel. (0 68 67) 3 66. Spezialität: Auxerrois Auslese, Chardonnay, Riesling Eiswein.

Weingut Willy Hartmann, Adlereck 8, 66706 Perl, Tel. (0 68 67) 53 07. Spezialität: Chardonnay Auslese trocken vom Perler Hasenberg.

Weingut Karl Petgen, Martinusstr. 4a, 66706 Perl-Nennig, Tel. (0 68 66) 2 39. Spezialität: Grauer Burgunder Spätlese.

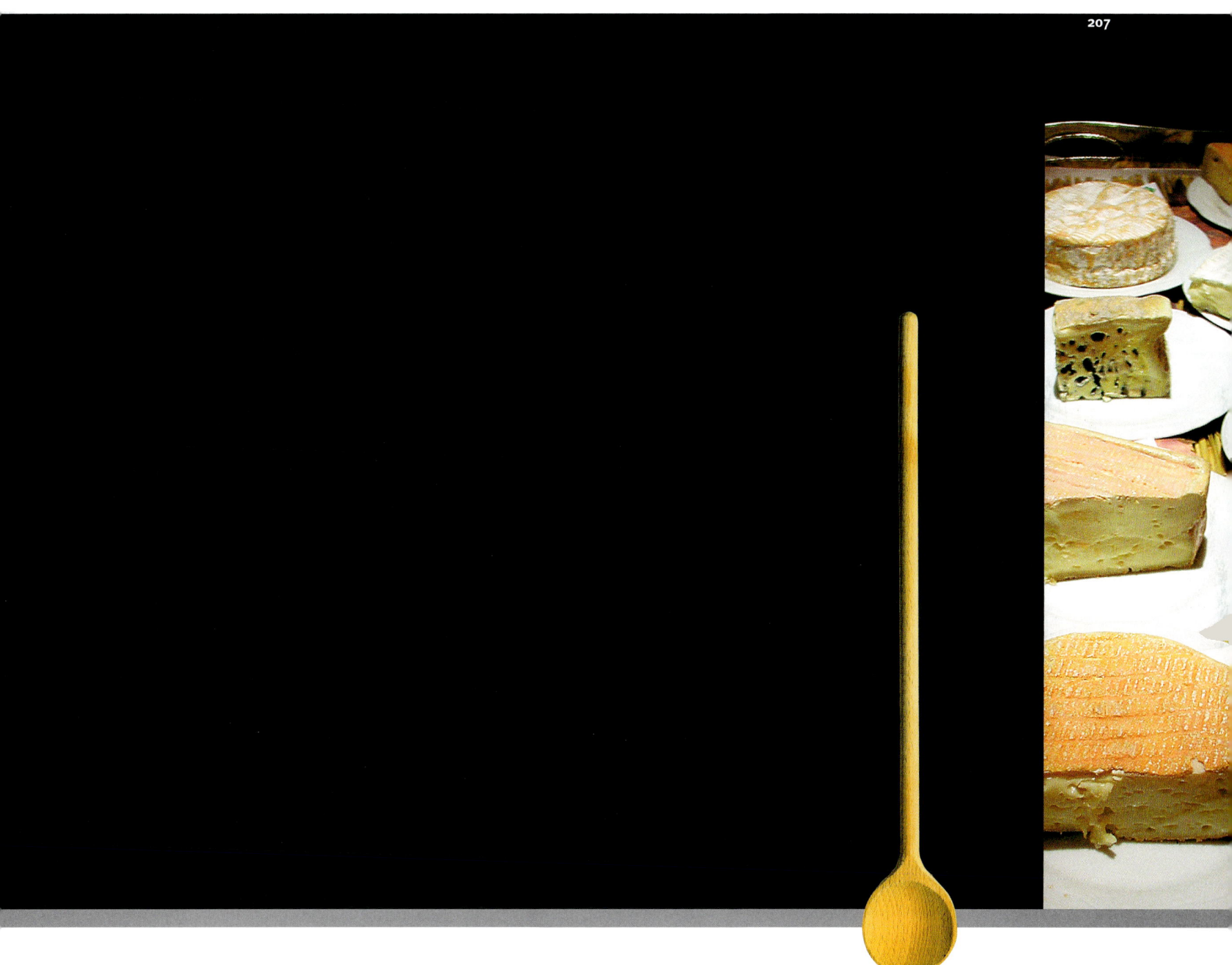

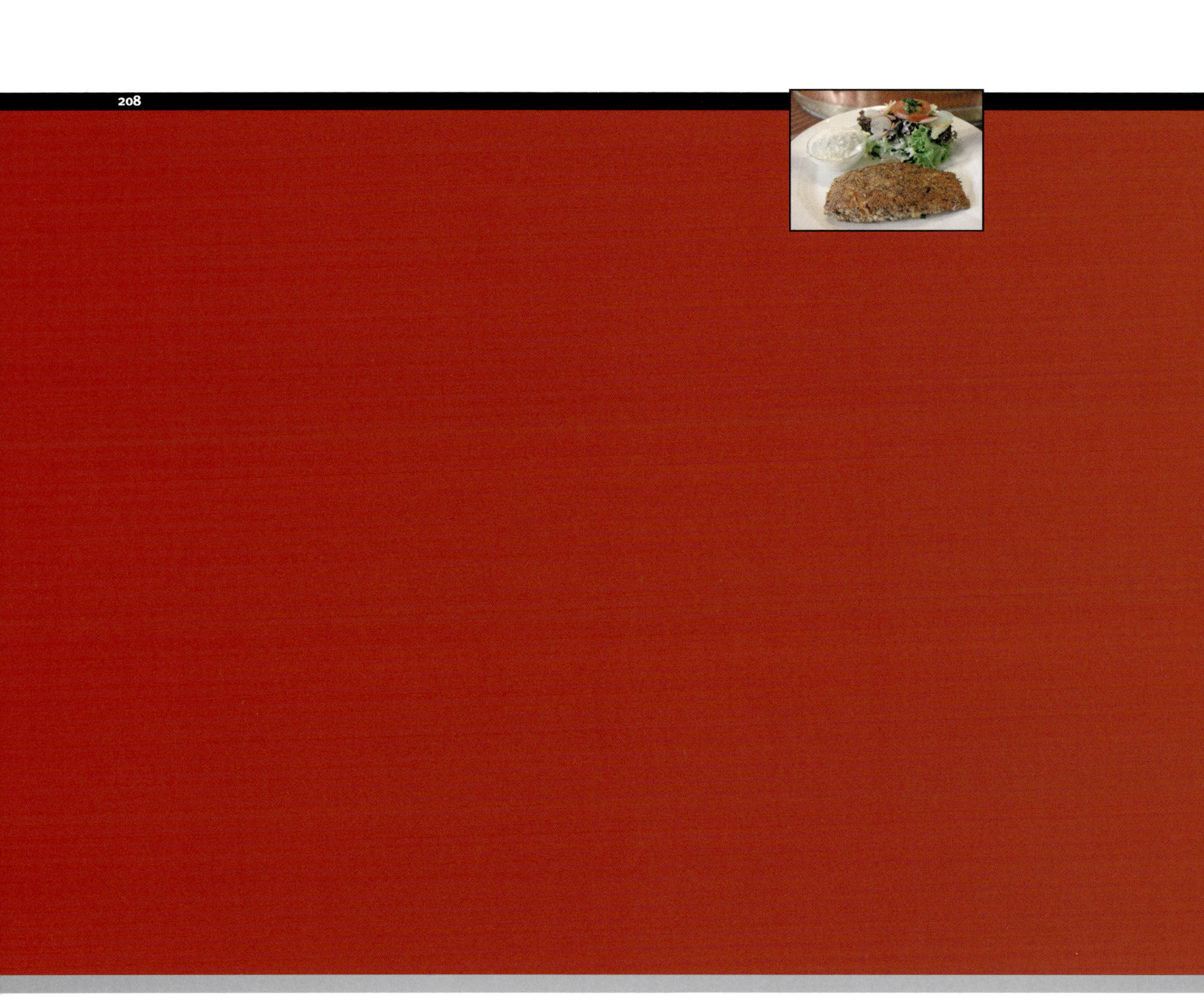

Die Rezepte

Die Restaurants

Die Hobbyköche

Viel Spaß beim Nachlesen, Nachkochen oder Nachreisen.

Impressum

Alle Rechte vorbehalten
©2005 Gollenstein Verlag, Blieskastel
www.gollenstein.de

Fotos und Texte: Thomas Reinhardt

Buchgestaltung und Satz:
Timo Pfeifer
Schrift: Officina und Meta
Papier: Starline matt 150 g
Druck: Merziger Druckerei und Verlag
Bindung: Firma Buchwerk

Printed in Germany
ISBN 3-935731-97-3

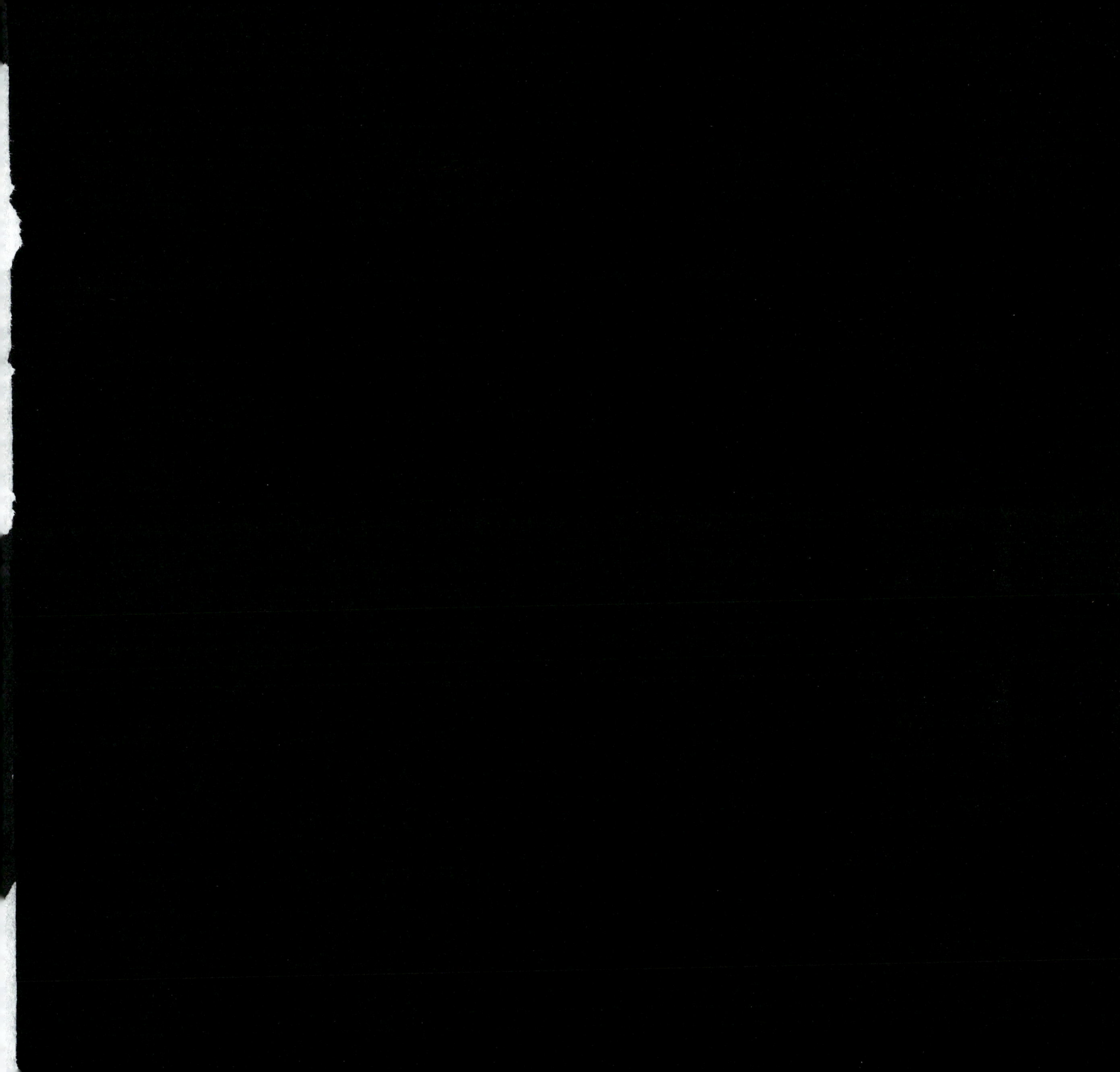